利益を最大化する秘密の

# ダブルエンジン

# 不動産投資術

浜野一浩 著

セルバ出版

# はじめに

現代は情報過多の時代です。不動産投資に関する書籍、セミナー、コンサルティング、大家の会など、あらゆる不動産投資ノウハウがたくさん出回っております。

情報が大量にありすぎて、本当に儲かる不動産投資は何なのかがわかりにくく、とくに、不動産投資を学び始めた初心者の方々が混乱されているように思えます。

私は、8年以上前に不動産会社の営業職として不動産投資業界に入ってから、現在までのトータル累計販売数は、200名以上のお客様へ、200棟以上の仲介、200億円以上の融資サポート、累計3000名以上の方との面談を行いました。また、利回り10％以上にて運用中の現役投資家です。

本書は本当に儲かる不動産投資を知りたい方に向けて執筆しました。私の提案は国内不動産投資で得たキャッシュフローの50％を、複利で回る海外投資に再投資する手法です。私自身が行って成果をあげております。このダブルエンジン不動産投資に、「初めの1歩」を踏み出して、豊かな生活を送る方が増えることを期待しております。

２０１８年３月

浜野　一浩

利益を最大化する秘密のダブルエンジン不動産投資術　目次

## 第1章　不動産投資を始める前に知っておくべきこと　基本編

## 第2章 利益を最大化するダブルエンジン不動産投資術 国内投資編

## 第３章　利益を最大化するダブルエンジン不動産投資術　海外投資編

# 第4章　始めるなら今が一番のチャンス！　融資・法人戦略編

## 第5章　成功する投資家の特徴をつかもう！　国内投資管理運営編

# 序章　利益を最大化する秘密のダブルエンジン
# 不動産投資術とは！

## 1　サラリーマンを取り巻く現実

### 先行き不透明な将来

２００９年のリーマン・ショックが起こったとき、そのダメージによって最終赤字を計上する企業が相次ぎました。

それ以降、多くの企業では固定費削減を強く意識するようになり、なかでも削減効果が大きい労務費はその対象となりました。

２０１２年12月から安倍晋三内閣は、「アベノミクス」と呼ばれる経済政策を打ち出し、現在に到るまで実施してきました。賛否両論あるものの、私たちの目線からみて、国民の生活が豊かになったのかは疑問が残ります。

２０１８年2月、安倍首相は「安倍政権は、最低賃金を5年間で時給１００円上げている」と言いましたが、その程度の成果しか残せていないという厳しい見方もあります。

こうした厳しい経済状況が続くなか、いくら給料が上がらなくても、サラリーマンは住民税や社会保険料をはじめとして様々なお金を国に納めなければなりません。老後への貯金どころか、毎日生活していくだけでギリギリ……という人も、日本国内という視点で見れば決して少なくないでしょう。

## 年収は増えないが労働時間は増加

また、ブラック企業のニュースがテレビや新聞でも度々取り上げられるように、昨今は労働環境に対して意識的になる人が増えてきたように感じます。

しかし実際は、サービス残業を強いられている、1か月の残業時間が80時間を超している、働き方改革なんて自社とは無関係という人は、まだまだいらっしゃるのではないでしょうか。

なぜ、日本人の労働スタイルが変わらないのか。

それは「身を粉にして働くのは、美しいことだ」と思っている人たちが、まだかなりいるからです。ただ、そういった「時代錯誤の考え方」を一蹴できるのであればいいのですが、実際に働いているとそれも難しくストレスは溜まる一方です。

自殺まで追い詰められなくても、精神を病んでしまうケースも多く「できることなら会社を辞めたい」と思う人が少なくないのが現実です。しかし、辞めたからといって次の就職先が簡単に見つかるわけではありません。

もちろん、業種業態を選ばなければ別ですが、ある程度の年収で、これまでの実績を活かせる職場……と考えていくと、特に35歳以上は転職先の数がぐっと少なくなります。

## 大幅な収入激減やリストラ対象にもなり得る

そもそも、自分から退職しようという意思がなくとも、リストラ候補になったり、会社が倒産したりするケースもあります。

もし運悪く自分がそんな状況に陥った場合、家計を支えることが困難になってしまいます。特に、子どもの教育費に関しては、できるだけ選択肢を用意し、輝かしい未来を勝ち取れる人間に育ってほしいと思うのが親心でしょう。

しかし、文部科学省の報告によると、小学校から大学まで公立・国立に通わせたとしても、塾などの月謝を含めた教育費は約900万円に達します。小学校から大学まですべて私立、しかも大学は理系にすると、教育費の合計は、約2200万円にも上るという試算があります。

また、教育費だけでなく介護費も大きな出費要因です。両親の介護が必要になった場合、在宅介護で月7万円程度です。特別養護老人ホームは月5万から10万円程度ですが、入所倍率が高く、ハードルが高いといえます。

## 現金が不十分な老後

このような状況のなか、順調に定年まで働くことができたとしても、老後生活のお金がなければ、寂しいシニアライフになってしまうかもしれません。

生命保険文化センターの調査によれば「老後の最低日常生活費」は、月額平均で22万円かかるといわれています。これが趣味や旅行を楽しむような「ゆとりある老後生活費」では平均34・9万円となります。

## 【図表１　老後の生活費】

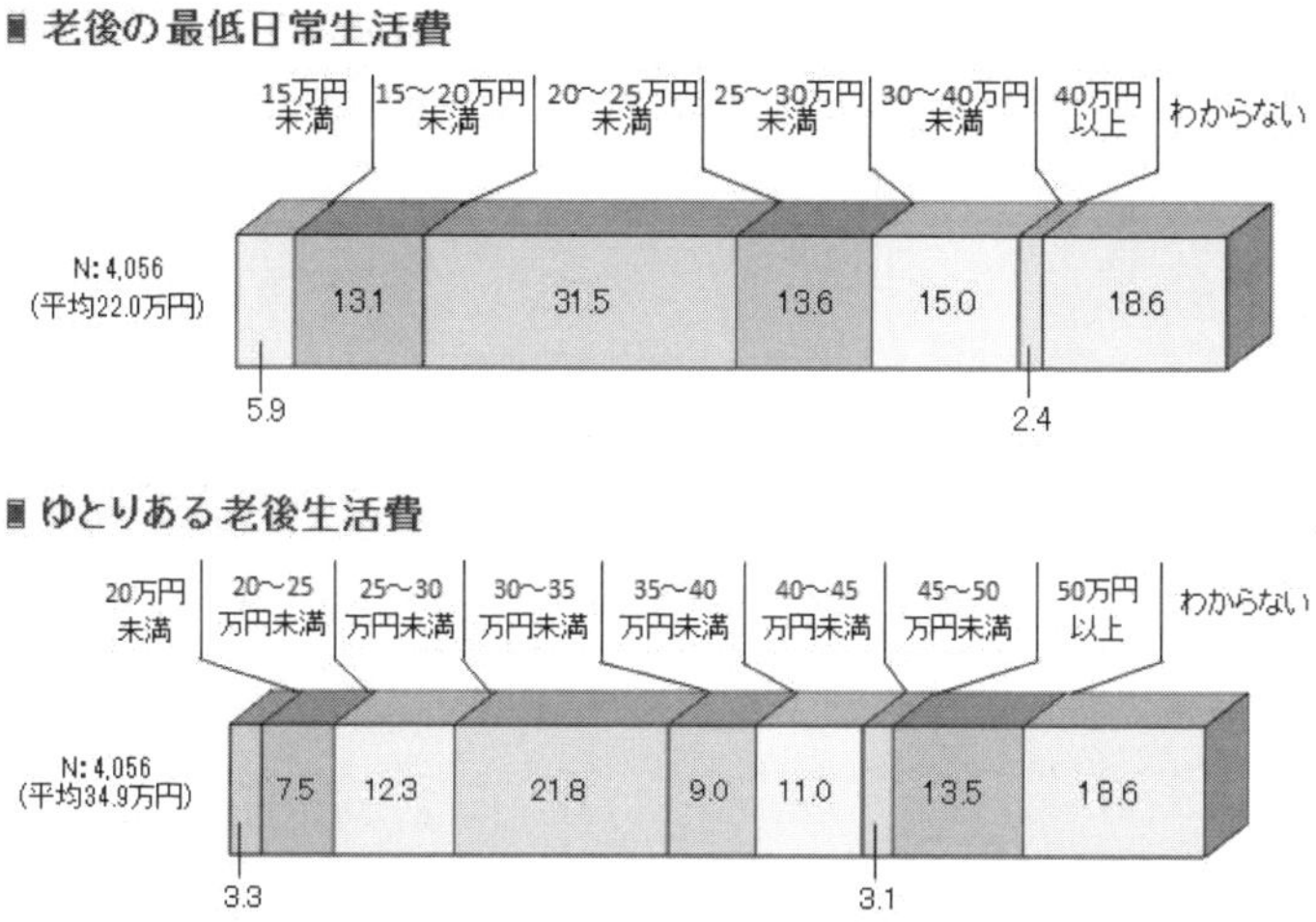


＜生命保険文化センター「生活保障に関する調査」／平成28年度＞

　一方、サラリーマン世帯の夫婦の平均的な年金の受給額は平均19・３万円です（総務省の家計調査年報によるデータ）。つまり、年金だけに頼っていた場合、65歳以降は毎月約２万円不足するということです。また、レジャーや旅行、趣味や親戚の付き合いを充実させたいと思ったら10万円以上の不足です。

　しかも、年金の支給に関しては、今後も明るい見通しがありません。２０１７年１月、厚生労働省は２０１７年度の厚生年金と国民年金（基礎年金）の支給額引き下げを発表しました。

　今後も年金が引き下げられる恐れがあることを考慮すると、近い将来、多くの人は年金だけだと生活ができないため、フルタイムで働かざるを得ないという社会になってしまうリスクがあります。

## 2　サラリーマンに人気の副業・投資

### サラリーマン収入に頼らない不労所得が必要

厳しい現実があるにしても、ただ将来を漠然と不安に思い、悩んでいても仕方がありません。これからは、国や会社がどうなろうとも、己の力で自分や家族を支えるようにならなければいけないということです。

サラリーマンを続けていて、たとえ給料が増えなくとも、毎月の安定収入があることは非常に恵まれています。なぜなら、その安定収入という信用を使って「働かなくとも自動的にお金が入ってくるスキーム」をつくることができるからです。

ある程度の知識や情報は必要ですが、特別に難しいことはありません。昇給や昇格をすることよりも、自動収入スキームをつくるほうが、方法論が確立している分、簡単だと思います。まずは「会社や国に頼らず、自分の力で稼ぐ」と決意する気持ちが大切なのです。

### 副業・投資の種類①　せどり

ここでサラリーマンの副業をいくつか紹介しましょう。

サラリーマンの副業として代表的なのは、今回のテーマである不動産投資以外に、大きく2つあるといえるでしょう。

その1つが転売・物販ビジネスです。「せどり」とも呼ばれます。これは、店舗の処分品や値付けが甘い商品を仕入れてネットオークションなどで仕入額よりも高く売るビジネスです。

資金力がそれほどない人でも始めやすいというメリットがある一方、在庫を確保するだけの手間や時間がかかる、破損や欠陥があった場合はクレームに発展することもあって精神的ストレスが大きい、ものによっては倉庫を借りるなど保管コストがかかるなどのデメリットもあります。

給料以上に稼ごうとするなら、寝る間を惜しんで働く必要があるため、本業を続けるつもりのサラリーマンに向いているとはいえません。典型的な労働集約ビジネスモデルです。

## 副業・投資の種類②　株・ＦＸ

株やＦＸはサラリーマンにとって、最も身近な副業ではないでしょうか。現在はネットで簡単に売買できるので、参入ハードルが大きく下がったといえるでしょう。

しかし、株やＦＸは価格の変動が大きく、長期安定的に利益を得るのが難しく、給料以上の収入を求めるのなら1日中パソコンの画面と向き合って売買のチャンスを見張っていなければなりません。

また、ライバルは国内だけでなく海外にいる外国人投資家など、多額な資産を持つ大口投資家と比べると、個人投資家が勝つのは容易ではありません。一般的に、ＦＸや株式投資は、90％負けると言われております。

### 副業・投資の種類③　仮想通貨

仮想通貨も少額の資金から始められるため、新規参入される方も増えております。

しかしながら、仮想通貨の価値については、株式などと違い、価格の基準がないと言えるのではないでしょうか。

その通貨の人気によって、価格が変動します。よって、1日で価格が半額まで暴落することもあります。これではとても投資とはいえません。大きなリスクを孕んだ投機です。

値動きが大きいことが特徴となるため、余剰資金を使って宝くじを購入する気持ちで始めるにはよいかと思います。

また、取引所に対する法整備やハッキング対策など安全面の課題をクリアできるかの課題があります。

## 3　なぜ、不動産投資がサラリーマンや経営者に最適なのか

### 不動産投資は、手間や時間がかからない唯一の投資

このようにサラリーマン向けの副業・投資を見ていくなかで、私がサラリーマンや会社経営者・

地主におすすめするのは、不動産投資です。

その第一の理由は、他の投資や副業よりも「圧倒的にかける時間が少ない」からです。というのも、一度満室にしてしまうと、オーナーがやるべき業務はまったくないといっても過言ではないからです。

購入には2か月、満室経営できるまでに2か月程度を要したとしても、その後の期間は、不労所得を手にすることができます。

もし空室や入居者トラブルが発生した場合も、管理会社が対応してくれます。そこでオーナーがかける手間や時間は微々たるものでしょう。満室経営しても確実に発生する業務を強いて挙げるなら、管理会社から月1回送られてくる入金レポートのチェックをするぐらいです。

もし自宅の近くの物件を購入したなら、物件をまめに見に行ってもいいかもしれませんが、何回見ても変化はほぼないので、すぐに不要だということがわかるはずです。

## 将来のリスクに備える

「日本の財政はまだまだ大丈夫だろう」という意見をしばしば耳にします。理由は、「アメリカの国債を大量に日本が所有しているから」「ＯＤＡ開発などで海外にお金を貸し付けているから」などが挙げられます。

しかし、本当に貸したお金は返ってくるのでしょうか？　もしかしたら、諸外国は最初からお金を返すつもりがない可能性もあります。

そういった不安があるなか、65歳以降になったとき、年金だけで生計を立てることができるのか、私には疑問です。

田中角栄が総理大臣だったときのように、高度成長期で若い人がどんどん増えていって経済が右肩上がりだった時代とは違うのです。

今後、とてつもない勢いで人口が減っていき、30年後には日本の人口は約9000万人まで落ち込みます。これまでどおりの考え方では、生き残れない時代がやってきたのです。

国も会社も、あなたのことを守ってはくれません。自分の身は自分で守らなくてはならないのです。

では、どうすればいいいか？　それは、本業以外の収入源を増やし、いつ会社や国が潰れても、独力で生きていけるだけの資産を築くしか方法はありません。

## サラリーマンは融資を受けやすい

サラリーマンに不動産投資がおすすめの第二の理由は、「会社員という信用力を使うことで、銀行から融資を受けられる」からです。

不動産は、ワンルームでも安くて数100万円台、それなりに毎月の家賃収入を得たいと思うなら、1棟アパートやマンションを選ぶことになります。これだけ高価な買い物を現金一括できるのは、ごく一部の富裕層に限られます。

そのため大半の人は、銀行から融資を受けて物件を購入します。アパートローンの融資審査では、物件の収益性や担保価値が重視されますが、同時に借り手の年収や勤務先の安定性も見られます。

銀行は、真面目に働いている人＝優良貸出先とみなすので、より多くの融資を受けられる可能性が高くなります。

一方、一般的な経営者や個人事業主の場合、会社員と同じ年収だったとしても、会社員よりも貸し倒れリスクが高いと判断され、融資が通りにくいといえます。

しかし、３期連続黒字決算、年商１億円以上、自己資金５０００万円以上の会社経営者の方は、逆にサラリーマンより銀行融資がつきやすいです。

## 「不動産のプロ」でなくても成功できる！

あなたのまわりを見渡してください。本業をリタイヤした30〜50代のサラリーマンは、例外なく不動産投資を行っています。

「もともと不動産業界にいて、知識があったからできたのでは？」と思う人もいるかもしれませんが、そういう方はごく少数です。

大半は不動産投資とは無縁の仕事をしており、専門的な知識があったわけでも、投資経験があったわけでもありません。

では、そんな素人がなぜ本業をリタイヤするほどに成功を収めているのでしょうか。それは、大半のリスクを分散できる対処法が確立しており「成功の法則」が学べる環境にあるからです。

かつて不動産投資といえば、代々の土地を引き継ぐ地主や事業に成功した資産家など、ごく限られた人のものでした。融資も今ほど積極的ではなく「頭金は物件価格の2〜3割が必要」といったことも当たり前でした。

つまり、2億円の物件を購入しようとすると、少なくとも4000万円から6000万円程度の現金を持っていなければならないということです。その後、銀行の融資姿勢が積極的になり、不動産投資をはじめるサラリーマンが増えました。

## 不動産を購入すると「税金の還付」が受けられる

不動産投資をすることによって、所得税や消費税の還付を受けられるケースがあります。特に所得税については、本業で稼いでいる人ほどメリットがあります。

また、本業の所得と不動産所得は損益通算ができるため、不動産投資で赤字が出た場合は所得税の還付が受けられるのです。

たとえば、課税所得金額が1000万円の会社員が不動産投資をはじめ、仮に400万円の赤字が出たとします。その場合の所得税と住民税は、次のとおりです。

所得税（課税所得金額１０００万円×33％）－税額控除金額１５３万円＝１７７万円
住民税　課税所金額１０００万円×10％＝１００万円

これに対して、不動産投資の４００万円の赤字を合算すると、取得金額が６００万円になり、税率が23％に落ちます。

すると、次のようになります。

所得税（課税所得金額１０００万円－赤字の不動産所得４００万円）×23％－税額控除金額63万円＝75万円
住民税（課税所得金額１０００万円－赤字の不動産所得４００万円）×10％＝60万円

所得税として１７７万円が給料から天引きされていましたが、税率が変わって75万円に下がったため、１０２万円が所得税の還付金として戻ってくるということです。

また、翌年支払う予定だった住民税１００万円が60万円になるため、ここでも40万円のプラスです。

つまりこのケースの場合、所得税と住民税を合わせて約１４２万円の税負担がなくなったということです。

## 4　継続的に収入が得られる魅力

### 継続的な安定収入が見込める

不動産投資の魅力は、継続的に安定収入を得られることです。入居者からの集金や問い合わせ、クレームは委託している管理会社が対応してくれるので、精神的負担を常に強いられながら投資を続けるということはありません。

不動産投資における収入は「家賃」ですが、家賃は景気によって上下することは多少ありますが、株や為替のように「暴落」する可能性は低いものです。

その変化を常にとらえ、上がったら喜ぶ、下がったら落ち込むなど一喜一憂を繰り返しながら売買に臨むのは、本業があるサラリーマンにとっては大変な負担です。

投資活動によって本業の仕事に影響が出てしまっては元も子もないといえるでしょう

家賃であれば、下がるとしても、ゆるやかに下がっていきますし、途中でリフォームをして物件の価値を取り戻すこともできます。

### 国内不動産投資は買うまでが肝

とはいえ、不動産投資にデメリットがないかというと、そんなわけではありません。

優良物件を見つけ、購入するまでに手間や時間はそれなりにかかります。インターネットで検索をしたり、週末には不動産会社に行ったり物件を見学に行ったりする必要はあります。

ようやく見つかったと思っても、人気物件で買付が殺到して買えないこともあります。

また、売買契約（売主との契約）、金銭消費賃借契約（銀行との融資契約）、決済（売買代金の受け渡し）をして不動産の所有権が自分に移転するまで、平均2か月を要します。

加えて、投資金額がほかの投資と比較して大きいこともあり、買主と売主のあいだに、不動産会社の担当者、銀行の融資担当者、司法書士などさまざまなステークホルダーが関わってきます。なので、1つの物件を買うにあたって、時間と手間はそれなりにかかってしまうのです。

## リスク分散が大切

収益物件を数多く持っているオーナーは、それだけたくさんのお金を借りているということになります。それに対して、借金の多さをリスクととらえる人が少なくありません。しかし、よく考えてみると、本業だけの収入に依存している人のほうがよほどリスクが高いことがわかるはずです。

日本では自然災害が多いですが、火災保険や地震保険でリスクはある程度回避できます。また、所有物件のエリアを分散することで、ある物件が災害に見舞われたとしても、他の物件からの家賃収入でリスクをヘッジできます。

地域を分散すれば、1つの物件で災害や事故が起こっても、他の物件からの収入でカバーすることもできます。国内の人口減少を懸念する声もありますが、賃貸需要がゼロになるわけではありません。

むしろ、需給バランスを見極めるとともに、エリア分散すれば、これからの不動産投資は初心者でも十分勝機はあるのです。

## 国内不動産投資の利益は

では、不動産投資を行うと、どれくらい利益を得ることができるのでしょうか。

どんな物件を選び、どんな条件で融資を受けたかによって大きく異なりますが、ほぼ自己資金を使わずに物件を購入した場合、トータルの投資額の1・5～2％程度が手元に残る、つまり利益になるケースが多いでしょう。

つまり1億円の物件を、自己資金を使わず購入したら、年間の利益は150万円～200万円ということです。この数字は、株やFXと比較すると、決して大きいわけではありません。

しかし、銀行にお金を預けたままにするよりかは、はるかに有益な投資だといえるのではないでしょうか。

不動産投資は「ミドルリスク・ミドルリターン」といわれます。それなりの利益はほしいけど、大きなリスクは取りたくない。そう感じている人には不動産投資はぴったりなのです。

# 5　再投資によって利益を最大化にする、世界で一番儲かる投資、ダブルエンジン不動産投資とは

## 不動産投資で得たCFを海外で運用

国内の一棟物収益不動産を購入することによって、家賃収入から諸経費や金融機関への支払返済金額を差し引いた「キャッシュフロー」という不労所得が毎月入ってきます。

このキャッシュフローをどう運用するのかー私が提案したいのが、「ダブルエンジン不動産投資」というスキームです。

ダブルエンジン不動産投資とは、国内の不動産投資で得たキャッシュフローの約半分を海外投資にまわす手法です。

海外投資のほうでエンジンをかけて投資をすることによって、よりキャッシュフローを大きくすることができるのです。もちろん、国内の不動産投資が基盤となります。国内の不動産投資から得たキャッシュフローの半分は、物件の維持・管理に使います。

たとえば、退去時に発生する原状回復費用、約15年に1回ぐらい行う屋上防水工事などの大規模修繕工事用の積立、賃貸募集を行う際の広告宣伝費（AD）などです。

そして残りの半分を、消費や浪費にあてるのではなく、さらにアクセルをかけるために海外に投

資をするというスキームです。

## 卵は1つのカゴに盛るな

よく投資の世界では「卵は1つのカゴに盛るな」といわれます。

ある特定の投資先に依存していると、万が一のリスクに耐えられないので、できるだけリスク分散をしようという考え方です。

これは不動産投資を行うことにも当てはまります。

つまり、国内収益物件だけに投資先を絞っていると、致命的なリスクが発生したときに、取り返しがつかなくなってしまいます。したがって、国内だけでなく海外にも目を向ける必要があるのです。

具体的には、毎月少額からできる海外積立、海外ファンドなどです。この手法は海外の証券会社や保険会社を使うことを前提としていて、複利でまわせるのが最大のメリットです。

複利は、天才科学者・アインシュタインが「複利とは人類が発明した最大のものだ」という言葉を残しているほど、画期的な考え方です。

## 複利のパワーを知る

実際、私が購入しているファンドは、年間利回りが約10％以上の運用成績を残しています。詳しくは第3章で解説しますが、ここでは複利の概要だけお伝えいたします。

複利には「72の法則」という公式があります。元本が2倍になるまでの時間は「72÷利回り」で計算できるということです、たとえば、利回りが10%だったら7・2年。つまり7年2か月で、元本が2倍になるということです。

## 6　選択肢は1つではない！　さまざまな商品から選ぶことができる

### 大事なのは「再投資」すること

投資で大事なことは、不動産投資でキャッシュフローが出たらそれを再投資することをおすすめします。お金を銀行に眠らせずに、複利の金融商品に再投資することで、資産もキャッシュフローも飛躍的に拡大していきます。

海外積立、海外ファンドは、海外のオフショアエリアと呼ばれる国で購入することになります。海外のオフショアエリアとは、香港やシンガポールなど、金融の最先端の地域などが一般的に知られております。この地域では「タックスヘイブン」という扱いになり、税金がほとんどかからないのが特徴です。

海外ファンドの仕組みは、投資会社のファンドマネージャーと呼ばれる運用者が、投資家からファンドというかたちで巨額の資産を集めて、世界の株式や投資信託などで運用し、そこで得た利益を投資家に還元しています。ファンドマネージャーによって運用成績が異なるため、良いファンドマネージャーが運用すると年間利回りが30～40％というケースもあります。

## 元本保証の商品もある！

一方、海外の保険会社を利用した元本保証の商品もあります。これは私も運用していますが、10年で120％の元本保証です。15年間運用をすれば140％の元本保証、20年だと160％の元本の保証があります。ただし、毎月の積立金額を減らさない、1回も遅延しない、お金を引き出せないという条件があります。

とはいえ、その条件を持ってしても十分すぎるほどに、元本保証というメリットがある金融商品です。私のファンドマネージャーは実際に素晴らしい運用成績を収めています。

くわえて、なぜ私が投資しているかというと、そのファンドがアメリカのSP500、つまりアメリカの株式に投資しているファンドだからです。アメリカは日本と違って右肩上がりに株価が上がっている国なので、良い成績が見込まれます。実際、現時点で150％以上の運用利回りを出しており、元本保証以上のリターンがくる予定になっています。

こういった元本保証の投資の案件のなかには、月々200ドル（約2万2000円）からできるものもあるので、国内不動産投資ができない方にもおすすめします。

## 日本国内で販売できない事情

日本国内だと、金融庁の管理に置かれて、海外と同じようなPRをすることができない状況にあります。このような金融商品が日本で販売解禁されたら、国内の証券会社や保険会社が根こそぎ倒産する事態が起きてしまいます。まるで鎖国のように、現在日本は規制されているということです。

ある意味で幕末に似ていて、志を持った坂本龍馬のような投資家が海外の金融商品を購入する方法を探し出し、利益を再投資するという方が日増しに増えてきております。

日本国内と比較すると、海外には魅力的な利回りの金融商品がものすごくたくさんあります。

一見、一人で海外の金融商品を購入するのは難しいようにおもえますが、よいアドバイザーさえいれば、投資のハードルはそれほど高くありません。

## まずは海外投資の勉強を！

あなたがもし、ダブルエンジン不動産投資に興味をもったなら、まずは一緒に勉強することをおすすめします。

そして、投資マインドやノウハウを理解したら、あとは行動するだけです。ほとんどの方はノウハウだけ学び、行動に移さず終わってしまいます。しかし、すべては1歩ずつコツコツ行動することから始まります。

最近は、ネットでもいろいろ調べられるようになっていますし、海外サイトも自動翻訳の精度が上がってきているので、特に不自由しないはずです。ただ往々にして、本当に価値のある情報はフェイス・トウ・フェイスでしか手に入らないものです。特に海外のファンドは枠が決まっているため、クローズド案件が多い傾向があります。そういった案件についての詳しい解説も、第3章で行っていますので、ぜひ読み進めていただければと思います。

また、読者様限定のダブルエンジン不動産投資セミナーを開催します。時間の都合がつけば、是非、ご参加ください（詳細は著者プロフィール欄にある当社ＨＰ：　http://www.hamano-office.co.jp/にアクセスしメルマガ登録をしてください）。

今回の出版記念特典セミナーなどをご活用していただければ幸いです。

まずは、私・浜野と一緒に勉強することをおすすめします。１人で勉強するよりも同じ志をもった仲間と一緒に勉強することにより、あなたのモチベーションもあがり、結果としてダブルエンジン不動産投資家デビューがスムーズに行えるとおもいます。当初はとても難しいと感じていらっしゃる方が多いと思います。しかしながら、実際、始めてみると意外と難しいと思っていたことが難なく乗り越えていくでしょう。

本書が、皆様のよいきっかけとなっていただければ、筆者としてこの上ない喜びです。

「あなたの人生を変えられるのは、あなただけです」

投資の道も、まずは、小さな1歩から始まります。まずは、あなたの足にて、その1歩を踏み出してください。

# 第1章　不動産投資を始める前に知っておくべきこと

## 基本編

## 1　不動産投資は、どのような属性の方が行っているのか

### プロ投資家からサラリーマンまでが参入

実際、不動産投資を行っているのは、どんな人たちなのかを考えたとき、まずはプロ投資家の存在があります。

何十億円、何百億円もする商業ビルや大型タワーマンションを転売目的に扱っている投資家です。不動産に対して積極的に投資活動をしている〝投資ファンド〟や〝不動産屋〟と呼ばれる、いわば投資のプロです。

続いては、地主大家です。先祖から代々受け継いだ土地を相続した人たちで、多くの場合、相続対策などの目的に不動産事業を行っています。すでに土地を所有しているので、地域密着の金融機関から低金利で建物部分の融資をしてもらい、物件を建てます。

このような理由から、地主の大半は満室経営をしなくてもキャッシュフローが出やすい状況にあるため、満室経営に関心がない人も多いものです。サブリースといってアパートメーカーと一括借上げの契約を行う地主大家も珍しくありません。

最後にここ10年程度の間に増えているのが、兼業投資家です。サラリーマン、医師、士業など、昨今の不動産投資ブームを牽引するのがこのタイプです。ここ数年の低金利、銀行の積極的な融資

を受けて、兼業投資家の人数が右肩上がりに伸びています。今後もしばらくは増え続けるでしょう。

## サラリーマン以外も不動産投資ができるのか

不動産投資が人気を博した理由は、サラリーマンだけでなく医師や、士業、経営者などからも注目を集めたからです。

不動産投資は、「賃貸経営」と呼ばれるとおり、「経営」的な要素が大きく関わります。経営者であれば、これまでの経験が有利に働きます。

たとえば、管理を委託するとき、リフォーム会社に発注するとき、どうすれば人が気持ちよく動いてくれるかということを考えている経営者であれば、苦労することはまずないでしょう。また、いくら不動産会社や管理会社がいるとはいえ、最終的な判断はオーナーがしなければなりません。

経営者であれば、「決める」ことは日常茶飯事ですから、普通のサラリーマンよりもスピードや正確性において優れているといえるでしょう。ただ、こういった能力はサラリーマンの方でも鍛えることができますし、何より経験を積むことで自然と身についてくるものです。

## 不動産投資は何歳くらいまでに開始すべきか

不動産投資をはじめる年齢は、なるべく早いにこしたことはありません。理想的には50歳前といえるでしょう。なぜなら、高齢になればなるほど、銀行から融資を受けることが難しくなるからです。これは住宅ローンと同じ原理です。

ただし、利益がしっかり出ている資産管理法人であれば、高齢でも貸してくれる金融機関があるので、チャレンジする価値は十分にあるといえます。

また、経営者の場合は、高齢であっても後継者がいれば、融資が承認される可能性もあります。社長とは別に連帯保証人がいれば、有利に働くでしょう、

## 2　不動産投資で成功するためには

### 成功するために必要な3つのポイント

不動産投資において、性格の向き・不向きはそれほど関係ないものです。利益を出すことが目的なので、目標達成のための行動ができるのであれば、どんな性格の人でも成功することは可能です。

ただし、不動産投資は融資を受けなければスタートできないことが大半なので、借金に対して必要以上に恐れている人は、そもそもスタート地点に立てないということはあると思います。不動産投資で成功する人には、思考面・行動面において共通点があります。それは次の3点です。

①　何よりも行動を優先
②　意思決定スピードが早い
③　自分なりの投資基準が明確

それぞれを解説していましょう。これら３つが、不動産投資で成功している人の共通点です。これらは先天的な資質というよりも、努力次第で身につけられるものです。

## 成功するための行動①　考えることよりも行動を優先する

基本的に考えることは大切ですが、考えてばかりで前に進まないのはＮＧです。また、不動産投資では実際にやってみなければわからないことが多く、走りながら考えることが求められます。そのため「何より行動を優先する」のです。

物件を買うためには、毎日情報収集を行い、不動産会社に問い合わせしなければなりません。

そもそもサラリーマン投資家は、物件情報の特殊ルートを持っているわけではありません。大半がネット経由の問い合わせから始め、そこから不動産会社と関係性を構築しているのです。こうした頭より足を使う泥くさい側面があるのです。

融資においても、金融機関を探すためには行動力が求められます。自分で開拓する場合もありますし、金融機関と強いパイプを持つ不動産会社を通じて融資アレンジを行う場合は、不動産会社と連携をとって行動する必要があります。

## 成功するための行動③　意思決定スピードが早い

不動産会社の担当者とのやりとりをイメージするとわかりやすいでしょう。優良物件を紹介されたときに、すぐに決断ができない人は、担当者から距離を置かれるようになります。「紹介しても買ってくれないお客さんなんだな」と思われるからです。

一方、提案を受けてから断るのも早い人は、信頼度か高まります。購入基準を明確にしておき、そこに合致した物件を紹介してもらったら、すぐに購入を決断しましょう。

もしそれができないのであれば、単純に不安を抱いているのか、決断するための情報が不足しているかのどちらかです。

どちらにせよ、「なぜ決められなかったのか?」ということは自分で把握できていないと、それ以降も同じことを繰り返してしまうので注意が必要です。

**成功するための行動③　自分なりの投資基準が明確**

これも非常に重要なポイントです。「50歳までに資産規模10億円」「3年以内に年間キャッシュフロー1200万円以上を目指す」などの目標をもつことで、物件選びや融資を検討する際に、迷わず判断できるようになります。

不動産投資で失敗しがちなのは、目標が曖昧になっていたせいで、物件を購入することがゴールになってしまうというケースです。無計画に買い進めた結果、融資限度額を使い切ってしまい、予想していた規模拡大プランが実現できないという例は珍しくありません。

自分の目標をしっかり定め、そこからの逆算思考で、物件や融資を決めるのが大切です。欲しい物件がなかなか見つからないということは、不動産投資をしていれば誰しもが経験します。

しかし、そんなときでも、自分が立てた戦略に合った物件を選べるかどうかが、目標を実現できるか否かを大きく左右するのです。

## 不動産投資の成功には戦略が必要

不動産投資で成功するためには、投資家の属性に合わせて戦略を練る必要があります。何も考えずに融資を受けると、いずれ頭打ちになってしまうリスクがあるからです。

また、自身の属性を把握することで、使える金融機関を絞れるようになり、自ずと戦略も定まってきます。

まずは、自分の居住エリアや特性をふまえて、融資が受けられる金融機関と融資可能額を知りましょう。

ただ、金融機関も日々の業務で多忙なので、物件情報を持って融資審査をしてもらわない限り、飛び込みで行っても教えてくれない可能性が高いでしょう。

そこで頼りになるのが、不動産会社です。書籍やセミナーなどで勉強したり、先輩投資家に相談したりするのも有効ですが、融資の最新情報はやはり現場で働く人のほうが詳しいです。

信頼できる不動産会社の探し方は、投資経験が豊富な先輩投資家からの紹介が理想的です。ただし、その投資家の実績が本当なのかはよく確認する必要があるといえるでしょう。

## 3　キャピタルゲインとインカムゲイン

### 目標キャッシュフローはゴールから逆算する

人によって、不動産投資で得たいキャッシュフローは異なります。

仕事に満足していて今後も続けたいと思っているが、老後のために資産運用したい……そんな人なら、月10万円のキャッシュフローが出れば十分といえるかもしれません。

逆に、「今すぐ仕事を辞めて、経済的自由・時間的自由を得て、悠々自適の生活を送りたい」ということであれば、月１００万円以上のキャッシュフローが必要でしょう。

このように、現実と目標のギャップを埋めるために、いくらお金が必要なのかを把握することが一歩目です。この目標がはっきりしないまま不動産投資をすると、なかなかゴールに近づけません。

たとえば、1棟物件の勉強をしていると思ったら、セミナーですすめられた築古戸建投資に関心を抱き、知り合いの投資家に教えてもらった戸建ての勉強もはじめるというイメージです。本書を読んだ方々は、ぜひ効率よく投資をしていただけたらと思います。

### 表面利回りとの違いは何か

不動産投資でもっとも代表的な指標といえば、利回りでしょう。しかし一般的に物件情報に書かれている利回りとは、「表面利回り」のことで、この数字と比例してキャッシュフローが増えていくわけではありません。

表面利回りでは、管理委託費、修繕費、水道光熱費、清掃費用を加味していないケースが多いです。キャッシュフローの計算時は、満室時の85％の家賃を収入額とします。その理由は、空室率の15％を見込んでいるからです。ただ、実際はここまで空室率が高いと賃貸経営として成功とはいえないのですが、保守的に計算しておいて損はありません。

諸経費は、家賃の20％程度が妥当です。エレベーターがついているなど経費が多くかかることが見込まれている場合は、25％で計算してもいいでしょう。

利回りの計算

表面利回り（％）＝満室時の年間賃料÷物件価格×１００

キャッシュフローの計算

キャッシュフロー＝満室時の年間賃料の85％－経費（家賃の20％）－銀行返済額

こうして概算でキャッシュフローを計算することができます。

## 目標キャッシュフローに到達するためには

目標とするキャッシュフローは、近い場所に設定する必要はありません。まずは夢を、できるだけ大きく思い浮かべましょう。

海外と日本の二拠点生活を実現する、スポーツカーを乗り回す、趣味に思う存分お金をかける……夢は具体的に、そして遠くにあったほうが、追いかける価値が自分のなかで高まります。

年収300万円の人がもっと稼ぎたいと思って、数年後に500万円になったとします。そうすると、ここでその人の夢は叶えられたことになるわけですが、そこで満足するのはあまりにもったいないでしょう。

思考のパラダイムシフトを起こすためには、思い切って「非現実」なくらいの目標を立ててもよいのではないでしょうか。

ぜひ、あなたの夢の生活を謳歌するために必要なキャッシュフローを描いてみてください。

## キャピタルゲインを得る

不動産投資において、売却益のパワーは非常に大きいです。

かつての不動産投資本では、「売却益を狙うのはリスクが高いから避けるべき」「家賃収入こそが不動産投資の醍醐味」とよく書かれていました。

しかし、それはバブル時代に売却益目当てで不動産を買って、バブル崩壊後に損をした人が戒めとして言っていることです。

ここで提案しているのは、物件所有中に安定したインカムゲインが入るのはもちろん、売却益も十分に狙える物件を買おうという意味です。

現在、成功している不動産投資家の大半は、インカムゲインではなく売却益によって資産を大きく増やし、規模を拡大しています。

売却益によるキャッシュがないと、次の物件を購入するための資金が不足していたり、貯めるのに時間がかかったりして、優良物件を見つけても、ライバルに奪われてしまうリスクが高まります。

しかし、売却益があれば、物件購入のスピードを速められるだけでなく、家賃収入に依存していたときとは違う視点で戦略を練られるようになるのです。

## 4　目標キャッシュフローを達成する投資術

### 目標ＣＦ設定①　月５万円の場合

月５万円のキャッシュフローを得ることは、難しいことではありません。築古の区分所有マンションや戸建てを１戸購入するだけでも、十分達成できる数字でしょう。戸建ての場合、安ければ数百万円で購入できます。

また、区分所有マンションの場合、都心ではなくて都内近郊、名古屋、大阪、福岡といった主要地方都市であれば、築20～25年あたりの家賃6万円程度のマンションを2戸購入することで、月5万円程度のキャッシュフローを実現できます。物件価格も、戸建てよりも高くはなりますが、1000万円以内で購入することが可能です。

## 目標CF設定② 月20万円の場合

「月20万円」と聞くと、大金に感じる人も多いと思いますが、不動産投資において、月20万円のキャッシュフローは、比較的簡単な数字といえます。

そこまでの道のりは、複数戸所有するか、規模の大きい1棟物件を購入するかに分かれます。

前者の場合、築古の戸建てや区分物件を数年かけて4～5戸に増やしていけば達成できるでしょう。1年に1戸ずつ購入していくと、1年目には5万円、2年目には10万円……となり、4年目くらいで、20万円を超えられるはずです。

もし規模の大きい物件を買う場合、レバレッジをかければ1棟購入するだけでも達成可能でしょう。

ただし、いずれも満室想定で、かつ家賃下落がない前提なので、賃貸経営の勉強が必要なことに変わりはありませんし、その分の行動や実践が必要になります。

### 目標ＣＦ設定③　月１００万円の場合

月１００万円という数字は、本業をリタイヤしたい人の目標としてしばしば掲げられます。

この目標を実現するためには、さすがに区分所有マンションや戸建てでは達成するのに時間を要しますし、手間もかかりますから1棟に狙いを定めます。

また、金融機関からの融資を長期的にどう利用するかを考えたうえで、複数棟を戦略的に購入していく必要があります。

１００万円を達成するまでには、複数戸購入して安定経営をしていく必要があるので、知識も経験も豊富になっているでしょう。

また、まったくの初心者から月5万円のキャッシュフローを得たときよりもはるかに自信をついているはずです。１００万円の規模まで拡大できれば、さらに加速度的に資産を殖やすこともできるでしょう。

## 5　出口戦略、購入したその先を考える

### 割安に買うことで出口も安泰

購入すべき物件の第一条件は「キャッシュフローが出ること」ですが、「売却するのに困らないこと」も重要なポイントです。

実は、キャッシュフローが出るにもかかわらず、売却するのが困難な物件は珍しくありません。

代表的な例は、市場価格よりも割高な物件を購入してしまったケースです。

購入時点で割高で買ってしまうと、売却時にはそれ以下になるので、キャピタルゲイン（売却益）がまず見込めません。

こういった物件を買う人の場合、融資期間を長くして毎月の返済額が少なくなっているため、収支が赤字にならず、投資の失敗に気づきにくい側面があります。

また、往々にして高年収で一部上場企業に勤めているなど個人属性が良いため、金融機関も本人の給料収入をあてにして融資をしています。

そのため、いざ売却しようと思っても、購入希望者がオーナーと同じくらいの個人属性でないと融資が受けられないケースが多いのです。

なお「個人属性」についての詳しい説明は第4章でおこないます。

## 高値売却の秘訣

高値売却を実現するためには、まず修繕をしっかりして満室で売る必要があります。

また、大規模物件だと、購入できる人が限られるため、情報は慎重に公開する必要があります。

たとえば、3億円以上の物件は、弊社など富裕層を抱えている仲介会社に売却を依頼したほうがいいでしょう。

東京は、日本でもっともお金持ちを抱えるエリアです。

そこで一度情報を流してみて、それでも買い手が見つからなければ、エリアを少しずつ広げていきます。

それでも決まらなければ、レインズ（不動産業者のみが閲覧できる情報ネットワーク）上で情報を公開します。もしくは不動産投資情報を扱うポータルサイトに掲載してもいいでしょう。

## 持ち続けることがリスクになる⁉

売却によるメリットは、売却益だけではありません。不動産は、長く持ち続けるほど、劣化していき、価値が減少していきます。

大規模修繕や家賃下落のリスクも高まり、結果として銀行の評価も下がっていくのです。しかし、売却をして古い物件と新しい物件を入れ替えることで、ポートフォリオは安定します。

また、そもそも資産規模をスピーディーに拡大するためにはキャッシュが必要です。フルローンやオーバーローンで購入できたとしても、購入時の諸経費、管理運営時の修繕費や広告料などでキャッシュを使うからです。したがって、市況をよく見て売り時を判断し、少しでも高値で売却をすることで、本業をリタイヤできるだけの資産を築くことができるのです。

資産を大きく増やしていくつもりなら、築古や入居付けが厳しい物件、修繕費がかかる物件は早々に売却し、新しい物件に入れ替えるのがいいでしょう。

## 売却益を次の投資の味方にする

売却益を次の物件を購入するための見せ金として使うことで、融資を受けやすくすることができます。ここで誤解してほしくないのは、転売目的で買うわけではないということです。特に短期売買は、税金面で考えると、ベストな選択肢ではありません。

しかし、「いつ売却しても大丈夫なように。損をしない金額で買う」「常に高値売却のチャンスを伺う」ことは、非常に重要です。

ベースとなる考え方は、最初の数年は満室経営をしてキャッシュを貯めるとともに、売却益によってさらなるキャッシュが手に入りそうなら、売却も検討すると言うことです。

そうやって、保有しながらキャッシュを最大限に蓄え、最後に売却することでさらに大きなキャッシュを得るのが、成功のセオリーなのです。

## 融資姿勢によって出口は変わる！

優良物件を見つけたとしても、融資を受けられる見込みがゼロならば、早々に諦めることも大切です。逆にいうと、自分が物件を売るときに、融資がつきやすいかを考えておく必要があるのです。

あなたが買う時点では融資がおりやすいが、数年後には買い手が見つかりにくくなる……そういう物件は購入すべきではありません。

ある地銀は、会社員の属性を担保に、積算評価額以上でも、耐用年数以上でも融資をしてくれます。他の銀行であればまず買えない物件を、手にしているサラリーマン大家はかなりいるのです。

しかし、もし近い将来、借りた銀行の融資姿勢が厳しくなったとき、誰も買えない物件になってしまいます。そうなったら、売却益による規模拡大という選択肢が失われてしまうため、投資家としての成長もそこでストップすることになります。

そうならないためにも、「自分が買えればいい」とだけ考えるのではなく、「次の買い手が見つかりそうか」という基準で物件を選ぶことが大切なのです。

## 売却時に困らないためには

本当の意味での不動産投資の成否は、売却後、すなわち出口を迎えたときにはっきりします。いま不動産投資を行っている人のなかで、家賃収入だけでローン返済できた人の数はごく少数です。

というのも、早くても２００９年ごろに始めた人が多く、実利回り10％で買った人でも、そろそろ完済できるという状況です。

利回り30％の物件を買えば、４年足らずで完済できますが、そういった人は限られます。つまり、大半の不動産投資家は、利益確定をインカムゲインではなくキャピタルゲインで行っているということです。

結局のところ、家賃収入だけで利益確定をした人は少数派で、ほとんどが「安く買って高く売る」ことで、規模拡大をしているのです。

不動産投資では「毎月安定した不労所得が入る」ことがメリットとして謳われますが、むしろ投資としての儲けはキャピタルゲインのほうが旨味があるといえるのです。

資産を大きく増やした方は、要所要所にて売却を絡めて不動産投資を行っています。

ここ2〜3年は、物件価格が高止まりしておりましたので、7〜8年前に、1棟物RC物件を購入した方の多くが、この時期に売却をしてキャピタルゲインを得ております。

高値で売却できた物件の特徴は、東京都内など立地がよく、土地の地型がよく、間口の広い物件が多かったです。

本物の資産家は、自己資金を2〜3割入れて資産価値の高い物件を購入する方が多いです。

地主や中小企業の経営者など現金を10億円以上持っている富裕層は、資産性の高い不動産を購入する傾向があります。

間違っても、キャッシュフローだけはでるが、地型が旗上の物件などを購入された富裕層の方をこの8年以上の間に出会ったことがありませんでした。

このような物件は、自己資金を抑えて購入されるサラリーマンが購入するケースが多かったです。

本当に儲かる不動産投資とは、キャピタルゲインを得る不動産を購入する。つまり、出口戦略がキッチリとした不動産投資です。

# 第2章　利益を最大化するダブルエンジン不動産投資術
## 国内投資編

## 1　なぜ日本国内の1棟物収益不動産なのか

### 年収350万円を不動産投資で稼ぐ

年収700万円程度のサラリーマンであれば、最低年収350万円は副業で稼げるようになる必要があるでしょう。ただ、副業といっても種類は様々です。

よくあるのが「アルバイト」です。飲食業や引越し業者、便利屋、家庭教師など時間の切り売りでお金を稼ぐ副業です。ただ、これで年収の半分を稼ぐのは、時間的にも体力的にもほぼ不可能といえるでしょう。できたとしても、本業に大きな支障が出るはずです。

また、序章でも紹介しましたインターネットを使った「せどり・転売」もメジャーな副業の選択肢です。しかしこれも、時間と手間がかかるだけでなく、クレーム対応などで精神的な負担ものしかかります。

そこで、私が提案するのが「投資」です。ロバートキヨサキ著『金持ち父さん貧乏父さん』という本を読んだことがある人は多いと思います。この本には、お金持ちになる方法として、投資家になることを勧めています。

しかも、株やFXではなく不動産投資です。株やFXで勝っている人は全体の1割にすぎず、9割は負けています。しかし、不動産投資であれば、初心者であっても勝率は高いといえます。

## 選択肢となる物件の種類

サラリーマンの方々が不動産投資を行うにあたって選択肢となる物件の種類は、概ね次のようになります。

- 区分所有マンション　1棟マンションのうち、1室を所有する。ＲＣ造、ＳＲＣ造が多い。
- 1棟マンション　1棟のマンションを建物ごと所有。重量鉄骨造、ＲＣ造が多い。
- 1棟アパート　1棟のアパートの建物ごと所有。木造、軽量鉄骨造などがある。
- 戸建て　1戸建てを貸家として所有。木造、軽量鉄骨造などがある。

※いずれも新築と中古に分けられます。新築だと更地の土地も投資対象です。

その他にも商業ビルやテナント、駐車場、コンテナなどの賃貸物件がありますが、サラリーマン向けではありません。一般的にレジデンス（居住用）物件が対象です。

このなかで圧倒的におすすめなのは、アパート・マンションなどの1棟物件です。

区分所有マンションは、管理費・修繕積立費の割合が高く、キャッシュフローが出なく投資効率が悪いのと、銀行の担保評価が低く、共同担保などの余力に使いにくいことが致命的なデメリットです。

戸建ては、事業用融資は厳しいので、物件価格が相当安い、もしくは自己資金に余裕のある方向けといえます。

基本的に融資を使わずに現金にての購入となります。

特に私がすすめる1棟物件の場合には、土地があるので資産がゼロになることはあり得ません。株やFXの投資と比べて、ダメージが少なく済むのです。

## 物件の構造と耐用年数

1棟物件は、他の選択肢よりもキャッシュフローが出ますし、融資という面でも幅広い方が対象となります。ですので、まずは1棟物件を購入することを視野に入れて物件探しをするのがよいでしょう。

1棟物件は、建物構造によって次のように分類できます。

この年数は法定耐用年数といって、法律で定められた耐用年数です。あくまで税務上で定められた減価償却用の数字に過ぎず、実際には、この年数が経ったからといって価値がなくなることはないのですが、多くの金融機関は法定耐用年数を基準にして融資の年数を決めています。

- 木造　22年
- 軽量鉄骨造　19年
- 重量鉄骨造　34年
- RC造（鉄筋コンクリート）　47年
- SRC造（鉄筋鉄骨コンクリート）　47年

## 2　物件種別によるメリット・デメリット

### 木造物件のメリット・デメリット

先述したように木造物件の法定耐用年数は22年と短いです。木造物件の場合、築10年を経過すると、融資が付きにくくなり、買い手が限定的になります、価格を下げなければ売れないという状況に陥るリスクがあるのです。

しかしながら、一部の金融機関は、法定耐用年を超えて融資を出します。各金融機関も日々融資状況が変化しますので、最新の融資状況を把握している不動産業者に確認する必要があります。したがって、それを見越した上で、売却するまでにきちんと元本を回収できているのか、手元にどれくらいのキャッシュが残るのかを計算する必要があります。

### ＲＣ物件のメリット・デメリット

続いてＲＣ造物件のメリット・デメリットについて述べます。ＲＣ造は、銀行の担保評価が高いですし、木造などに比べると建物の耐用年数が長いので、返済期間を長くとれ、月々のキャッシュフローが増えて有利になります。

また、木造ほど築年数に比例して価格が下がるリスクは少なく、むしろ市況によっては買った値段より高く売れるケースもあります。市況がよくなると、RC造、S造の物件は価格が上昇するので、売却益（キャピタルゲイン）も十分に狙えます。

一方、デメリットは、「物件規模が大きく高価格帯になるので、銀行からの借入金が多くなる」「修繕費などのランニングコストが高い」などとよくいわれます。ただ、それは必ずしも悪いとは限りません。規模がある程度大きい物件を購入したほうが投資効率はよくなるからです。長期の視点でみるとRC造のほうが高コストである……とは言い切れません。

## 新築と中古、それぞれのメリット・デメリット

新築と中古を比較すると、それぞれメリット・デメリットがあります。新築のメリットは「空室になっても入居が決まりやすい」「修繕費用や手間がかからない」といえます。

デメリットは、購入当初は新築プレミアムといって相場より高い家賃が設定されているため、数年後には大きく下落する可能性が高いです。

また、木造の場合、築10年以上経過すると、銀行から融資を引くことが難しくなるため、売りにくくなります。

中古のメリットは、新築に比べて安価で購入でき、家賃も安定していることです。また、利回りの相場も新築に比べて高いです。

デメリットは、修繕やメンテナンスなど手間やコストがかかります。

また、間取りが古くて現在のニーズにあっていないなどの理由から、客付けに苦労するケースがあります。このように、それぞれメリットとデメリットがありますので、しっかり理解した上で自分に最適な方を選びましょう。

## おすすめするのはアパート・マンションなどの「1棟物件」

不動産投資において、選べる物件のタイプは様々ですが、おすすめは1棟アパート、マンションです。その理由はいくつかありますが、何と言っても空室リスクが分散できるのが強みです。

区分物件や戸建ての場合、居者は1世帯なので、空室になってしまうとその期間の収入はゼロになります。

特に、区分所有マンションの場合、管理費や修繕積立金、ローン返済も継続して支払わなくてはいけません。

つまり、空室期間中は、これらをすべて自己負担しなければならないのです。

一方、1棟アパート、マンションの場合、いくつもの世帯が入居しているので、もしどこかが空室になったとしても、他の入居者からの家賃収入はあります。もちろん、家賃収入とローンの返済金額のバランスにもよりますが、区分物件や戸建てよりも、自己負担しなければならないリスクは低いといえるでしょう。

投資の王道は卵を入れるカゴを1つではなく複数のカゴにいれる分散投資です。新築物件と中古物件を組み合わせた資産のポートフォリオを組むことをおすすめします。

また、1棟物件も区分所有マンションも購入にあたって、契約から売買完了までの基本的な手間はほぼ変わりません。したがって、時間効率という観点からも、区分物件や戸建てよりも1棟物件のほうが優れているといえるでしょう。

# 3　買ってはいけない物件と投資指標

## 新築区分所有マンション投資には手を出すな

数ある不動産投資の手法のなかで、おすすめできない投資は新築区分所有マンションを購入することです。

医師や高年収のサラリーマンなど高属性の方は、所得税率が高いこともあり、節税効果をアピールされて購入するケースが多いといえます。

ほかにも、「返済後には資産になる」「生命保険代わりにもなる」などといわれ、購入する人も多いです。

なぜ、新築区分所有マンションを避けるべきなのかというと、そもそも割高な価格で売られていることが大半だからです。

購入させられて2、3年であれば、月々数千円程度のキャッシュフローを生むのかもしれませんが、5年後、10年後になると家賃が下落したうえに、管理費・修繕積立費といった月々のランニングコストがあがる可能性もあり、持ち出しの方が多くなる可能性が非常に高いのです。

さらに、途中で物件を売却しようと考えても、中古のワンルーム投資マンションの価格は、安くたたかれることが多いのも致命的なデメリットです。

なかには売っても残債が残るので、お金を借りてまで新築区分所有マンションを処分する人もいます。まさに不動産の損切なのです。

## 利回りは変化するもの

第1章のキャッシュフローの項目でも紹介しましたが、不動産投資で使われる場合の利回りは、投資した元本に対して毎年得られる家賃収入がいくらなのかをパーセント表示した指標です。不動産情報を見ると、売却価格が表示されていますが、売却価格だけではどの物件が投資効率がいいのかが判断できません。

そこで利回りが示されていることで、各物件の投資効率が良いのかが一目で判断できるのです。

ただし、不動産投資における利回りは、銀行預金や国債の利回りのように単純ではありません。

繰り返しになりますが、毎年の家賃収入も空室状況によって変化しますし、管理費・建物のメンテナンス費・入居募集のためのコスト・固定資産税などの諸費用が生じます。さらに5年後、10年後には、外壁塗装や屋上防水などといった多額の大規模修繕費もかかると予想できます。
ですので、それらの費用を家賃収入から引いて計算しないと、本当の利回り（実利回り）を導き出すことはできないのです。実利回りは次の計算式で導くことができます。

実利回りの計算

実利回り＝（満室時の年間家賃収入－経費）÷物件の購入価格×１００

## 「利回り」よりも重視する指標とは

よく「利回りはどれくらいあれば安心ですか？」という質問を受けますが、私は前提としてキャッシュフローをもっとも重視しますし、指標でいうとイールドギャップが大切だといえます。イールドギャップとは「不動産投資における利回りと、銀行からの借入金利の差」を指します。

イールドギャップの計算

イールドギャップ＝（表面利回り－調達金利）

もし利回り５％の物件を購入したとしても、金利５％で資金調達した場合、差し引きの儲けはゼロとなってしまいます。

イールドギャップ（表面利回り－調達金利）が６％以上あるのが望ましいでしょう。

現在、融資が難しくなってきたとはいわれていますが、高属性の方であれば、１％を切る低金利でお金を借りているケースもあります。たとえば０・７％の金利で融資を受けて利回り６％の物件を買えば、６％－０・７％＝５・３％のイールドギャップを得ることになるわけです。

## より有利な融資でイールドギャップを確保

昨年より徐々に融資が引き締められているといわれています。決して門戸は広くありませんが、まだまだチャンスはあります。

未だ超低金利は続いており、イールドギャップも過去最高ですので、現在はまだまだ有利な不動産投資を行える環境にあると言えるでしょう。

いずれにしても、不動産投資で成功するためには、プロセスをきちんと踏むことが大切です。なかなか手がでない理想を求めるのではなくて、身の丈にあった物件を購入して、まずは不動産投資をスタートさせることが重要です。

国内不動産投資を成功に導く鍵となる、融資については、第４章でくわしく解説しています。

## 4　物件選びで重視するのはキャッシュフロー

### 「買うべき物件」の条件は2つ

不動産投資における投資手法は、実に様々です。

新築アパートを狙う手法、地方の築古・高利回りを買う手法、数百万円の戸建てをリフォームする手法、土地値の木造アパートを買う手法、大規模RCマンションを買う手法など、いくつも存在します。

昨今はそれぞれの手法を解説した不動産投資本も多く、「結局、どれが正解なの？」と思う人も多いでしょう。ただ、考え方は非常にシンプルです。

・所有して利益の出る物件
・出口が確保された物件

以上の2点をしっかり守ることが大切です。詳しくは次項で解説します。

### 月々の収益をしっかり確保

改めて言うまでもなく、不動産投資の基本的な利益はキャッシュフローです。

不動産投資での収入は賃料です。月々の賃料からローンや経費、税金を差し引いたキャッシュフローがしっかり残る物件であることが大切です。

安定的にキャッシュフローを得ることができれば不動産投資において成功したといえますし、逆にキャッシュフローが出ないどころか手持ち資金を毎月持ち出さないといけない状況の人は失敗ともいえるでしょう。

キャッシュフローが出る物件を選ぶことのメリットは、資産を築くと同時に、「借りやすい」人になれることです。

銀行はお金がある人に貸したがるものです。

100万円よりも1000万円、1000万円よりも1億円のキャッシュを持っている人のほうが、有利な条件で融資を受けられますし、物件選びの選択肢も広がります。

そうなると、どんどん好条件で優良物件が買えるようになります。

つまり、一度キャッシュフローを生み出すサイクルをつくれれば、あとは加速度的に資産を殖やすことができるのです。

## キャッシュフローが出る物件を選ぶ

高利回りで、築浅で、銀行が融資を出しやすく、都心の物件であればベストです。

しかし、現実にはそういった理想の物件は存在しないため、どこかで妥協することが求められます。では、どこで妥協すべきなのか。

私はキャッシュフローが出る物件に、こだわるべきだと考えます。逆に、都心の新築物件であっても、キャッシュフローが出なければ投資すべきではありません。

私が不動産投資をはじめたいというお客様と最初に面談するとき、必ず「キャッシュフローはいくらを目指していますか？」と尋ねるようにしています。

キャッシュフローが出る物件が1つの大きな条件です。また、もう1つの条件は、キャピタルゲインが狙える物件かどうかです。

キャピタルゲインが狙える物件は、基本的に都心の物件で、地型や道路付けがよく、間口が広い物件です。

キャッシュフローとキャピタルゲインの両方を狙える物件が理想ですが、まずは、キャッシュフローを狙った物件を購入することをおすすめします。

## キャッシュフローを重視するべき理由

ビジネス用語として使われるキャッシュフローは、「現金の流れ」を意味します。

不動産投資でもキャッシュフローは重要な指標として扱われますが、意味合いは少々異なり、「税引き前の利益」を指します。

キャッシュフローの計算は、必ず物件ごとに行う必要があり、キャッシュフローが多く出る物件は、それだけ優良物件といえるでしょう。

不動産投資でなぜこれほどキャッシュフローが重視されるかというと、キャッシュフローを多く得ることで「加速度的に資産を殖やせる」からです。

そんなの当たり前だと思う人もいるかもしれません。しかし、実際はそんな単純な話ではないのです。というのも、キャッシュフローを重視するということは、キャッシュフローを他の指標より優先して考える必要があるという意味になるからです。

# 5　投資対象地域をどう選ぶべき？

## 都心で物件を買うことはできるか

不動産投資の初心者にとって、どこのエリアの物件を選ぶべきかは大きな悩みだと思います。今後ますます人口減少が加速する日本において、不動産投資の初心者の大半は「人口減少しにくい都心の物件が欲しい」と考えています。

ただ、都心部の物件は価格も高く、属性がいい、自己資金を多く持っているなど他の投資家よりも優れた個人背景がなければ、なかなか買えません。

では、具体的にどういう人であれば、金融機関が融資をしてくれるのでしょうか。

結論から言うと、たとえば勤め先が一部上場企業、年収１５００万年以上、自己資金も数千万円ある、借入金がそれほどない人です。

## 距離・地縁にはこだわらない

多くの方は悩んだ末、自宅の近くのエリアや実家の近隣、過去に住んでいたことのある地域など、地縁のあるエリアに限定しているケースが多いです。もしくは、一都三県にこだわる投資家です。

もちろん、こういったスタンスが必ずしも間違っているわけではありません。

しかし、視野を狭くしすぎて、自らの不動産投資の可能性を限定的にしてしまうのであれば、それは非常にもったいないことです。

不動産投資は、物件の良し悪しで投資の成否が決まります。ですので、もし良い物件が出れば、エリアをこだわらずに購入すべきなのです。

そもそも一都三県であっても、かなりの田舎も含まれますし首都圏とはいえ、投資すべきではないエリアがあります。

繰り返しになりますが、供給が多すぎて、なかなか客付けができないエリアがありますから、そういったエリアは避けるべきなのです。

また念のため、物件を購入する場所の今後の人口動態はチェックしてください。

インターネットで、国のホームページ、国立社会保障・人口問題研究所のホームページにて融資期間の人口動態を確認することを行いましょう。

## 近隣の物件でもかかる手間は同じ

そうはいっても、「近隣の物件でないと、見に行くこともできない」「そのエリアの賃貸相場や賃貸事情をつかみづらい」と不安を抱く方もいらっしゃるでしょう。

今はGoogleマップのストリートビューを使えば、物件やその周辺の雰囲気を知ることができますし、地域＋検索ワードで近隣のあらゆる情報を入手できます。

地元の掲示板などもありますから、その気になれば近所の噂話のようなものまで、自宅にいながら知ることができます。

そしてそもそも論なのですが、購入希望の物件が自宅近くにあっても遠くにあっても、やるべきことは同じです。

もし、自宅から5分の場所に条件を満たした物件が出たとしましょう。自宅から近いので歩いて見に行けますが、家賃相場を調べたり、物件調査を行ったりといったことは近くても遠くても同じです。

## オーナーは司令塔であるべき

物件調査に関しては遠くより近くのほうが便利ではありますが、家賃相場を調べるときに距離は関係ありません。

インターネットの賃貸情報サイトで物件周辺の賃貸相場をある程度は調べられるでしょう。その上で、客付け業者に電話でヒアリングをすれば、より詳しい情報を得ることが可能です。その際には直接出向かなくても電話で行うこともできます。

購入後の管理運営に関していえば、サラリーマン投資家の場合、管理会社に管理業を委託することになります。リフォームや定期清掃などもすべて外注できるため、物件が家の近くにある必要はないのです。

繰り返しになりますが、不動産投資は外注の仕組みが整っていることが最大の魅力です。すべてをアウトソーシングできるからこそ、サラリーマンに最適とされているのです。

投資家の役割はあくまで司令塔です。ＤＩＹを行いたいということであれば別ですが、自分がわざわざ近くに住んで物件に直接的に関わる必要はありません。

## 地方におけるエリアの選び方

さて、一口に地方と言っても、買っていい地方のエリアと、買ってはいけない地方のエリアが存在します。

たとえば、北海道の札幌市のあるエリアにある物件は、供給過多で「絶対に買ってはいけない」と言われています。ただ、こういった情報を一般の方々が得ようとするのは容易ではありません。我々のような専門業者に聞いていただければと思います。

たしかに北海道の札幌市で入居付に苦労する地域もありますが、その一方で常に満室稼働している地域もあります。

エリア選定で重要なのは「需給バランス」です。勘違いしている人が多いのですが、人口が多ければ一概に安心というわけではありません。需要以上に供給（物件が）が多ければ、客付は厳しくなるからです。

## 6　避けるべき投資地域・注意点

### ライバルの多い都心

都心は一般レベルからプロレベルまでの投資家がたくさんいるので、簡単には勝てないでしょう。逆に、田舎の人口が少ないエリアでも、競合物件がないのであれば、満室経営も十分に狙えます。

地方物件は、地主オーナーが多く、そのほどんどは相続対策で賃貸経営をしています。

つまり節税のために不動産を所有しているのです。

そのため収益率や稼働率といった不動産投資家が重視することに、関心のないオーナーばかりです。空室が何年も続いてもほったらかしているようなこともよくあります。

つまり、努力すれば初心者でも十分に勝てるのです。

地方だからいい・悪いと決めつけずに、需給バランスを見極めて、投資する価値があるエリアなのかを判断してほしいと思います。

## 避けるべき投資エリアとは

先ほど述べたように、買ってはいけないエリアがあるとすれば、需給バランスが崩れている地域ということになります。

相続税対策でその地域の地主が一斉に新築アパートを建てたあげく、お互いに入居者を奪い合うような熾烈な競争に陥ってエリアもあります。

とくに相続税対策で建てられる物件は、賃貸ニーズを考えてプランニングされていることはほとんどなく、相続資産の評価を下げることだけに注力されています。

そのため狭い町内にまったく同じような間取りの部屋が大量供給されていることも珍しくありません。

できれば人口50万人以上の都市が好ましいです。また、治安が悪いエリア、反社会勢力の団体がいるようなエリアは、住みたがる人が少ないため、避けたほうが無難でしょう。

## 大学生街や企業城下町も要注意！

加えて、これは需給バランスの話につながりますが、特定の企業や大学に入居者を依存している地域はリスクがあります。

これからの時代、超優良企業だと思われていた会社でも、事業を縮小したり、最悪の場合は倒産する可能性はより高まるでしょう。

もし法人で一括借り上げをしてもらっていた物件でも、契約解除されたら全空になってしまうことは十分にありえます。

これまでのリーマン・ショックの後に社会問題となった「派遣切り」で、非正規社員ばかりがニュースに取り上げられていましたが、その裏で全空になって困ったアパートオーナーが続出しました。

また、大学も18歳人口が減少し続けるので、集客のためにキャンパスが都心に移転するリスクもあります。

そもそも大学のある街は、すでに単身向けの物件が立ち並び、家賃の値下げ競争に入っていることも多く、すでに賃貸マーケットが疲弊しているケースも多いのです。

このため特定の企業や大学などに依存した賃貸経営は避けたほうがいいでしょう。

## 正しい情報を収集して、しっかり判断する

このように地方物件を選ぶ際の注意点を挙げると、いかに情報を集め、判断できるかということに尽きるでしょう。

同じエリアであっても通りが一本違っただけで差が出る地域は実際に存在します。こうしたことは地元に住む人たちなら周知の事実なのですが、別のエリアから来た投資家にはなかなかわかりません。

また、エリアならではの慣習や商習慣もあります。広告費1つとっても、ゼロの地域もあれば、

3～4か月分がかかる地域もあるのです。このあたりは事前にしっかりリサーチしておきましょう。

## 7　物件購入前に知っておきたいこと

### 空室が多い物件＝価値が低いと決めつけてはいけない

ここまで空室にまつわるリスクを述べてきましたが、あくまで需給バランスが崩れているエリアを避けるべきで、解決できる空室に対して敬遠してしまうのはもったいない話です。

物件探しをしているとき、空室が多い物件を見つけたら「この物件は競争力がない」「このエリアは入賃貸ニーズが低い」などとマイナスイメージを抱いてしまう人が大半です。

できれば、満室に近い状態、もしくは7～8割は入居している状況でないと選択肢にすら入らないでしょう。

しかし、それは非常にもったいないことです。

たとえ空室が多い物件でも、「前オーナーが地主で相続税対策のために物件を建てたので、満室経営にこだわっていなかった」「管理会社と協力して客付けの努力をしていなかった」「息子さんや娘さんが相続の関係で建物を取り壊す目的で、募集を止めていた」などの場合があるからです。

つまり、空室が多くても、その理由が明確であり、購入後に自分で対処できるかもしれないという視点で検討することが大切ということです。

特殊な事情を抱えていたせいで満室経営ができていなかったということは、その物件のポテンシャルが十分に生かせていないことの裏返しです。こういった物件は相場よりも安価になることが多いので、見た目上の空室率に踊らされることなく、真実を見抜く力を養ってほしいです。

しかしながら、不動産投資の上級者向けの投資案件です。日々不動産投資を勉強することで、上級者向けのおいしい物件も購入できるようになれるとよいです。

## 空室率が高いことを知らないまま買うのは危険

とはいえ、空室率が高いことを知らないまま購入するのは危険です。

問題なのは、空室率がそれなりに高いことを把握しないまま、物件を購入しようとする人がいることです。

普通、物件情報を見るとき、空室状況は必ずチェックするものです。しかし一部の初心者は、そういった基本情報すら確認せず、業者に言われるがまま購入に踏み切ろうとするのです。

空室だらけの物件で、お金は借りられるのかと不安に思った方もいるかもしれません。

しかし実際、そういった物件でも融資を出してくれる金融機関があるのは事実です。ただ、属性が非常に良い、自己資金を多めに出すなどの条件を満たして置く必要はあります。

逆に言うと、数億円もの融資が引ける属性のよいサラリーマンが狙われて、空室率が多いわけあり物件を押し付けられているということです。やはり仕事が多忙でも、現地に行き、自分の目で確認するなどしないといけません。「管理会社に電話をして確認すれば大丈夫」と思う方がいるかもしれませんが、対象物件を管理している管理会社が仲介業者の関連会社であるかもしれません。

こういったリスクを避けるためには、信頼できる不動産会社を選ぶことが大切です。

## 購入後に瑕疵が見つかった場合はどうなるのか

いくら事前調査をしたとしても、購入後に建物の瑕疵が見つかる可能性はゼロではありません。

中古物件だと、特に売主が個人の場合は、売主の瑕疵担保責任が契約により免除されていることが多く、瑕疵担保責任があったとしても3か月程度です。

そうなった場合、瑕疵があったとしても原則、売主に瑕疵担保責任の請求をすることはできません。

なぜなら築年数が経過してくると、瑕疵があることもある程度予想されるからです。

したがって、中古物件を購入する際には、前述したように購入前に物件調査を綿密に行う必要があるでしょう。

これが売主が不動産会社の場合は、瑕疵担保を免責にする、あるいは期間を短くするなど、買主に不利な特約は無効になります。この場合は、瑕疵担保責任の期間は建物の引き渡しから2年となり、「瑕疵を発見してから1年は責任を負う」という法律に従うことになります。

## 物件規模の大小、投資規模はどう考えるべきか

不動産投資をはじめる際の投資規模について「はじめから大規模物件規模を選ぶべきか、それともリスクを考えて、まずが小さい物件からスタートすべきか」と悩んでいる人は多いと思います。

結論からいうと、一概にどちらがいいとは限りません。

規模が大きくなれば管理はラクですし、何より購入の手間が省けます。一方、規模が小さくなればリスクヘッジも可能です。

また同じように、投資規模についても投資家によって異なります。不動産投資では基本的に融資が必須になりますが、どこまでなら借りても大丈夫と思えるかは個人の性格、職種などによっても変わります。

いずれにせよ、物件価格の１・５～２％前後がキャッシュフローとして手元に残ることを目指しましょう。

逆にいうと、その条件が満たせない物件を狙ってはいけません。

私の考えを述べると、賃貸経営を安定化ためには、小規模物件よりも部屋数の多い物件のほうが有利だと思っています。

オートロックやインターネット無料サービスなどを導入する場合でも、部屋数が多いほうがコストダウンできるからです。

不動産投資は事業です。費用対効果をしっかり見極め、投資物件の適正規模を考える必要があり

ます。

事業家としての規模は、各個人がどこまでの融資がつくのか。つまり、各個人の属性によるところが大きいです。

## 8 不動産業者の選定は大切なポイント

### 購入時の仲介会社を選ぶコツ

一般的に、物件は売買仲介の会社から買うことが多いといえます。

不動産投資を行うにあたって、不動産売買仲介業者は欠かせない存在ですが、投資の初期段階で誤った業者選びをしてしまうと、賃貸経営は非常に厳しいものになります。

というのも、業者によっては「新築の区分所有マンションを扱う会社」など、まったく利益の出ないような物件のみを扱う会社があります。１棟物件であっても「高金利で低利回りの１棟物件を扱う会社」もあり、同じように「収益物件を扱う不動産会社」であっても玉石混合なのです。

とくに特定の金融機関からしか融資を受けられない会社の場合は、物件の選択肢が限定的になってしまいます。

ですから、まず「どこから買うか」が、最初のポイントです。まずは、自分が何を重視しているのかを明確にします。そして、できるだけ融資先の選択肢が広い仲介会社を選びましょう。

【図表２　不動産売買仲介の仕組み】

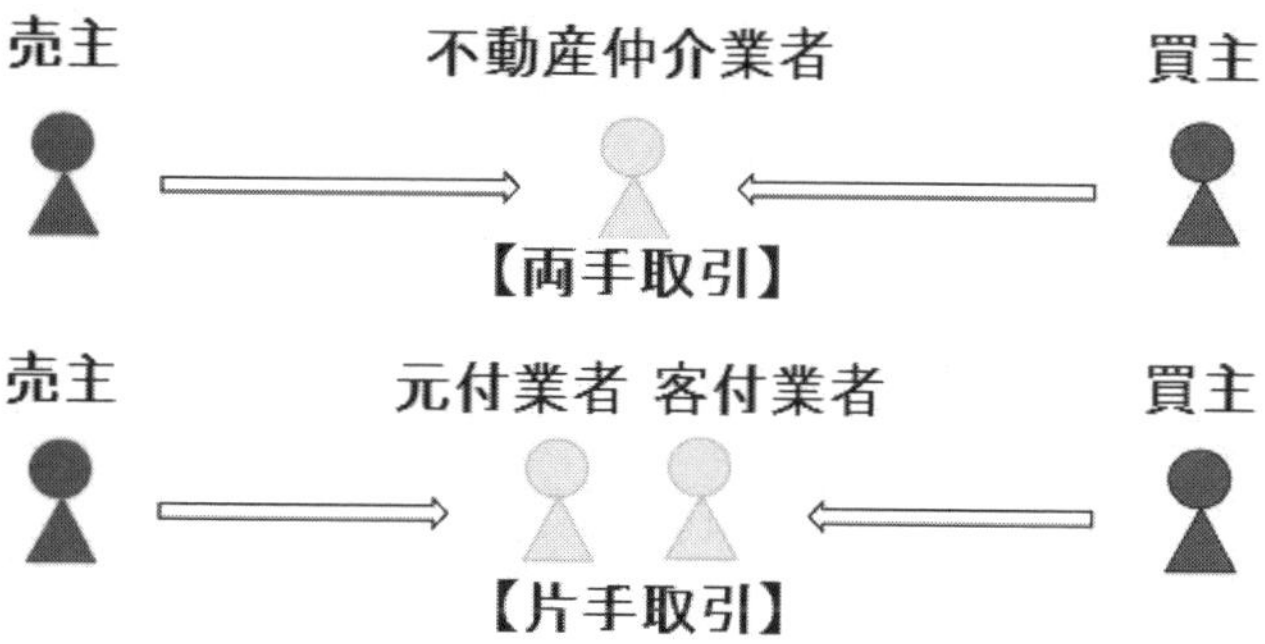


何度かやりとりをしていくと、自分の属性や与信枠を考慮した提案をしてもらえます。また関係がよくなれば、売主とのやりとりでも自分の味方になって調整してもらえます。

**不動産売買仲介の仕組み**

ここで不動産売買仲介の仕組みを説明します。

売主側の仲介業者、買主側の仲介業者、それぞれに別の不動産業者がいる場合には、買主、売主はそれぞれの仲介会社に仲介手数料を支払います。これを「片手」と言います。

これが１つの業者が売主も買主も見つけている場合には、売主側、買主側の両方から仲介手数料を受けとることができます。これを「両手」といいます。不動産業者からしてみると、両手取引を行うことで、倍の仲介手数料を受け取れるのです。

買主である不動産投資家からしても、とにかく安く買いたい場合、売主の事情もわかっていて指値交渉もしやすいという理由から、元付業者の仲介を希望する方がいます。

元付業者は、その契約をまとめれば両手となるため、売主と買主の双方を取り持ってくれるケースが多いといえます。

## 「元付」にこだわるべきか

また、元付業者が持っている情報は、地域密着のものが多く、お買い得の掘り出し物件が見つかる可能性があります。

とはいえ、地方の地場の不動産会社は「収益物件の売買に慣れておらず、売主とのやりとりに苦労する、金融機関とのパイプがないので好条件での融資が難しいなどのケースもあります。

結局のところ、購入諸経費は自己資金で工面する、金融機関の開拓は自分で行うという覚悟さえあれば、元付業者を選んだほうがお得です。最近は、新規投資家の参入も増えて物件価格が高騰しています。

元付のメリットとしては「物件のグリップがしやすい」「交渉がスムーズに進む（売主・買主どちらも繋がっているため）」が挙げられます。現在の市況では売手に優位になる条件が多く、双方の立場を踏まえた公平な交渉が難しいという側面もあります。

とはいえ、「元付が絶対だ」とこだわる必要はありません。選択肢を広げる意味でも、全国的なコネクションや物件の仕入れルートがあり、常に情報を提供してくれる仲介会社と関係を構築することも大切です。

## 9　１棟物収益不動産の購入ステップ

### 購入する前にシミュレーションを行う

前述したように、今は不動産投資をはじめるにあたって、まだまだ有利な時期にあるといえます。ただ、有利だからといってどんな物件でも成功できるわけではありません。購入する際は必ずシミュレーションをしましょう。

年間家賃収入から年間経費と年間銀行返済額を引いて、年間キャッシュフローを計算します。年間経費は、固定資産税、管理会社への管理費用、共用部の水道光熱費、空室の原状回復費、ＡＤ（広告宣伝費）などです。

家賃相場を調べるには、ネットから賃貸募集の情報は簡単に入手できますし、地元の不動産屋にヒアリングしてもいいでしょう。

また、銀行から融資を受けるのであれば、月々の返済額と支払金利を確認して、家賃収入から支払うことが可能なのかを計算します。

金利については、大半は元利均等方式ですので手計算することは難しいですが、ネットから計算アプリをダウンロードして使えば、融資金額・金利・借入期間を入力して月々の返済額と支払利息を算出することが可能です。もしくは、貸出先の金融機関にお願いすれば、計算表をもらえるはずです。なお、シミュレーションをする場合、収入は、固く見積もる必要があります。たとえば、10％～20％の空室率を前もって想定することにくわえて、ランニングコストも多めに20％で設定します。このように手堅く収支シミュレーションを計算することによって、実際に経営がはじまったときも無理なく借入金を返済ができます。

**物件購入時にかかる費用を確認**

物件を購入する際、物件価格以外にも費用はかかります。費用は次にあげましたので、ご確認ください。おおよそ、購入価格の7～8％程度が目安となります。

・仲介手数料

不動産仲介会社より物件の紹介を受けた場合には、売買代金に対して3％＋60000円と消費税がかかります。

・印紙税　不動産の売買契約書には契約書1通につき印紙税が課せられます。印紙税は売買契約書に記載された金額によって納付する税額が異なります。

・司法書士手数料

不動産を購入すると、所有権を売主から買主へ移動する手続を行わなければならないため、司法書士にお願いするとその手数料が発生します。

また、ローンを利用する場合には、抵当権の設定費用も必要です。登録免許税は不動産の登記にかかる税金で、固定資産税評価額に対してかかります。

・不動産取得税

不動産所得税として、固定資産税評価額に対して４％の費用がかかり、購入後３～６か月後に納付書が送付されます。

・固定資産税・都市計画税

固定資産税は毎年1月1日に不動産の所有者に対して課される税金です。マンションを購入した場合は、マンションの土地と建物の両方に固定資産税がかかります。都市計画税は、建物が市街化区域内にある場合にかかります。固定資産税の納税通知書に記載されていますので、1緒に納めることになります。

・融資事務手数料

金融機関に融資の手続をしてもらうには、融資事務手数料を支払う必要があります。金融機関によって異なりますが、大体３～５万円程度です。

・火災保険料・地震保険料

火災や自然災害などの危険に見舞われたときや、近隣からの類焼などの損害を補償してくれるのが「火災保険」、地震・噴火・津波などを原因とする火災などの損害を補償してくれるのが「地震保険」です。なお、どちらの保険料も支払いは必須ではありません。

## 物件購入後にかかる費用を確認

物件購入後もコストはかかります。

・管理委託手数料

管理会社に支払う管理委託の手数料です。おおよそ家賃の5％が目安です。

・固定資産税・都市計画税

購入時にかかる固定資産税・都市計画税と同様です。初年は売主と日割りで計算して支払いを分担しますが、翌年からは全額支払いが毎年続きます。

・建物維持費

消防点検やエレベーターの点検など定期的に点検が必要です。

・原状回復費

入退去に伴う部屋を原状に回復するためのリフォーム工事です。

・大規模修繕費

外壁塗装や屋上防水など10年から20年に一度行う大規模な修繕です。建物の規模にもよりますが多額の費用がかかります。

## とくにＲＣ造物件はコストに注意

とくにＲＣ造物件はコストに注意が必要です。

たとえば、外壁塗装や屋上防水などを建物購入した5年後、10年後に行うとなると、建物の規模にもよりますが、５００万円～１５００万円ほど費用がかかります。建物に対する固定資産税は、建物の構造によって大きく異なります。

木造よりもＲＣ造のほうが高くなりますし、古い物件よりも築年数が浅い物件のほうが高くなります。土地（底地）に対する固定資産税は、路線価格で決められます。必然的に東京や大阪などの大都市は、土地に対する固定資産税が高くなります。

前述したように、ＲＣ物件は融資を引きやすいというメリットがありますが、固定資産税が高くなるので注意が必要です。

また、修繕費も、ＲＣのほうが木造よりも高い傾向があります。

その他のランニングコストとして、電気代や清掃費、さらにエレベーターがある物件は、エレベーターのメンテナンス代がかかります。メーカーにもよりますが、毎月２万円から、高いところで５万円ほどです。

## 10　物件調査の極意

### 物件チェックをプロに依頼する

建物の修繕には多額のコストがかかるリスクもあることから、購入を検討している物件調査は慎重に行います。

とくに初心者で建物を見てもわからないという方は、物件調査の際はリフォーム業者に同行をお願いする、または有料になりますがホームインスペクションに依頼することもできます。

たとえば、外壁塗装会社に屋上防水や建物の外壁のひび割れなど、劣化状況の診断書をつくってもらうのも1つの方法です。

こうした建物チェックは、購入後に発生した工事はその業者に頼むという前提のもと、信頼関係があるからこそ無償で頼めるものです。

## 物件をチェックする際のポイント

物件を見る際は、まず建物の状態を確認しましょう。

とくにチェックいただきたいのは修繕が必要な箇所はあるかです。大規模なリフォームが必要かなどを調べます。

再生投資の手法もありますが、はじめから大規模なリフォームをするのはハードルが高いので、初心者の方は、基本的に修繕や最低限のリフォームが完了している物件を選ぶようにしましょう。

確認するポイントは図表3になります。

【図表3　確認するポイント】

室内
・雨漏りがないか？
・サッシはすべて閉まるか？
・水回りは問題なく使えるか？
・和室の部屋はあるか？

室外
・共有部は荒れていないか？
・鉄部がひどくさびてないか？
・基礎・外壁にクラック（ひび）がないか？
・目地のコーキングが破れてないか？
・建物が傾いてないか？
・駐車場は完備されているか？

環境
・嫌悪施設はないか？（ごみ処理場、工場など）
・利便性はよいか？

## リフォーム業者の探し方

リフォーム業者を探すにあたって、もっとも効率的なのは、同じ地域に物件を所有する先輩投資家から紹介してもらうことです。とはいっても、初心者の方が大家同士のコネクションを持つのは、ややハードルが高いともいえるでしょう。

そこでおすすめなのが、ウェブサイトやタウンページで探すことです。業者を検索して、建設業許可を持っているか、実際に施工する部隊を持っているかなどをチェックします。業者の規模は小さすぎず、信頼できそうな会社を選びましょう。そういったリフォーム業者の場合は最安価ではないはずですが、最終的にはうまくいくケースが多いです。というのも、水周りもできるし大工仕事もできる一人親方のような多能工に依頼できれば、割安にはなりますが、他の仕事を優先されたり、連絡がとりづらかったりするのがデメリットです。

したがって、発注するリフォームの規模に合わせて業者と職人さんを使い分けるのがいいと思います。職人の選び方は、地元の土建組合から紹介してもらう方法や、タウンページのなかで個人商店のような小規模の業者を探す。最近ではジモティのような地元掲示板で「クロス○○円でやります」といった書き込みをしている職人もいます。ウェブサイトで、「地名　内装」「地名　大工」などで検索をしてもよいでしょう。

リフォーム会社を選ぶときに失敗しがちなことは、見積金額の多寡で判断してしまうことです。塗装を例に挙げても、1回しか塗装してくれない業者もあれば、3回の業者もあります。

ただ、そういったところを見破るのは上級者でないと厳しいでしょう。

なので、他の投資家からの情報をある程度参考にしたり、紹介してもらったりする必要があります。といっても、見積りは必ず複数の業者から取って、料金面で納得できる業者を選ぶよう心がけてください。

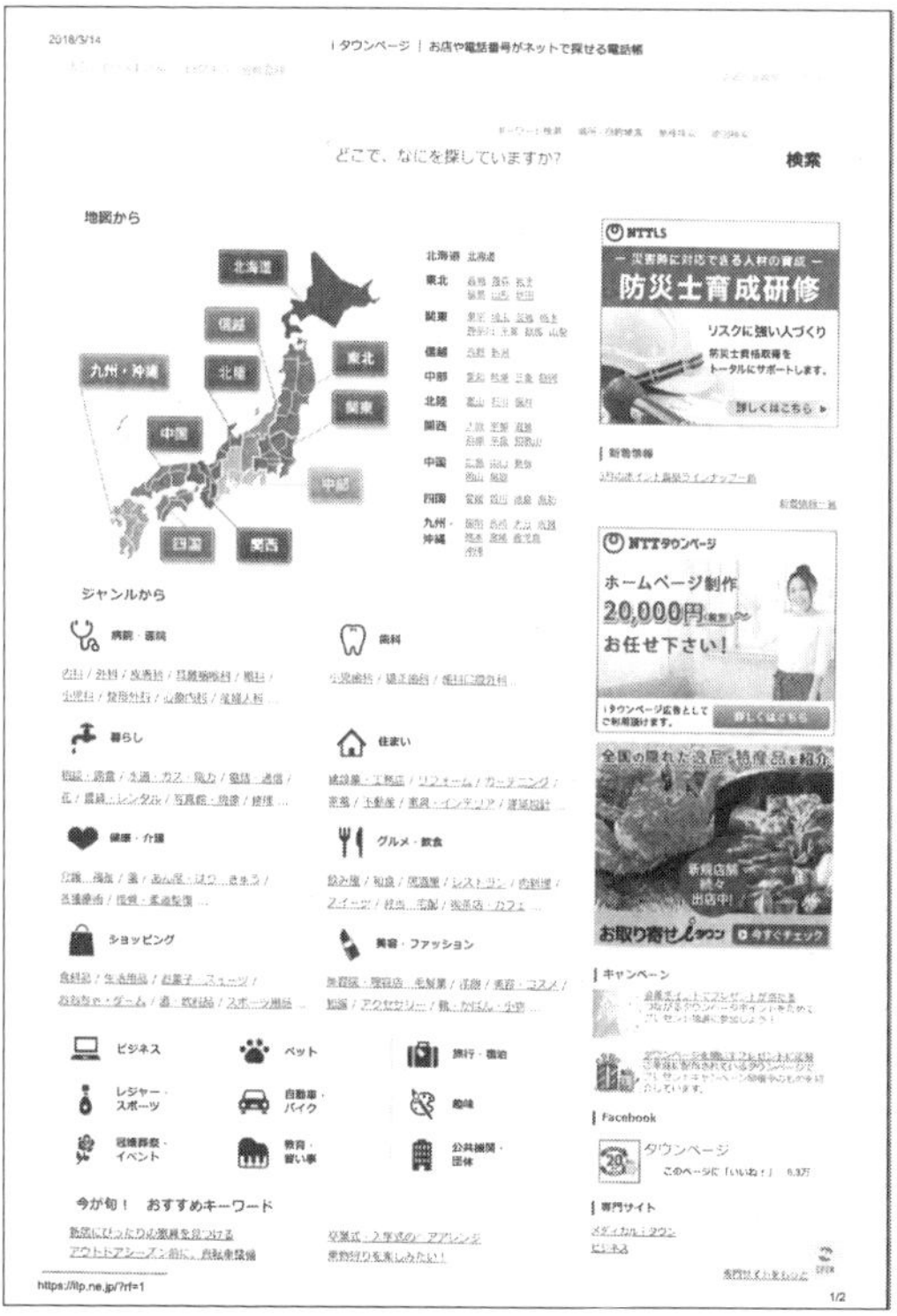

https://itp.ne.jp/?rf=1

http://kakaku.com/

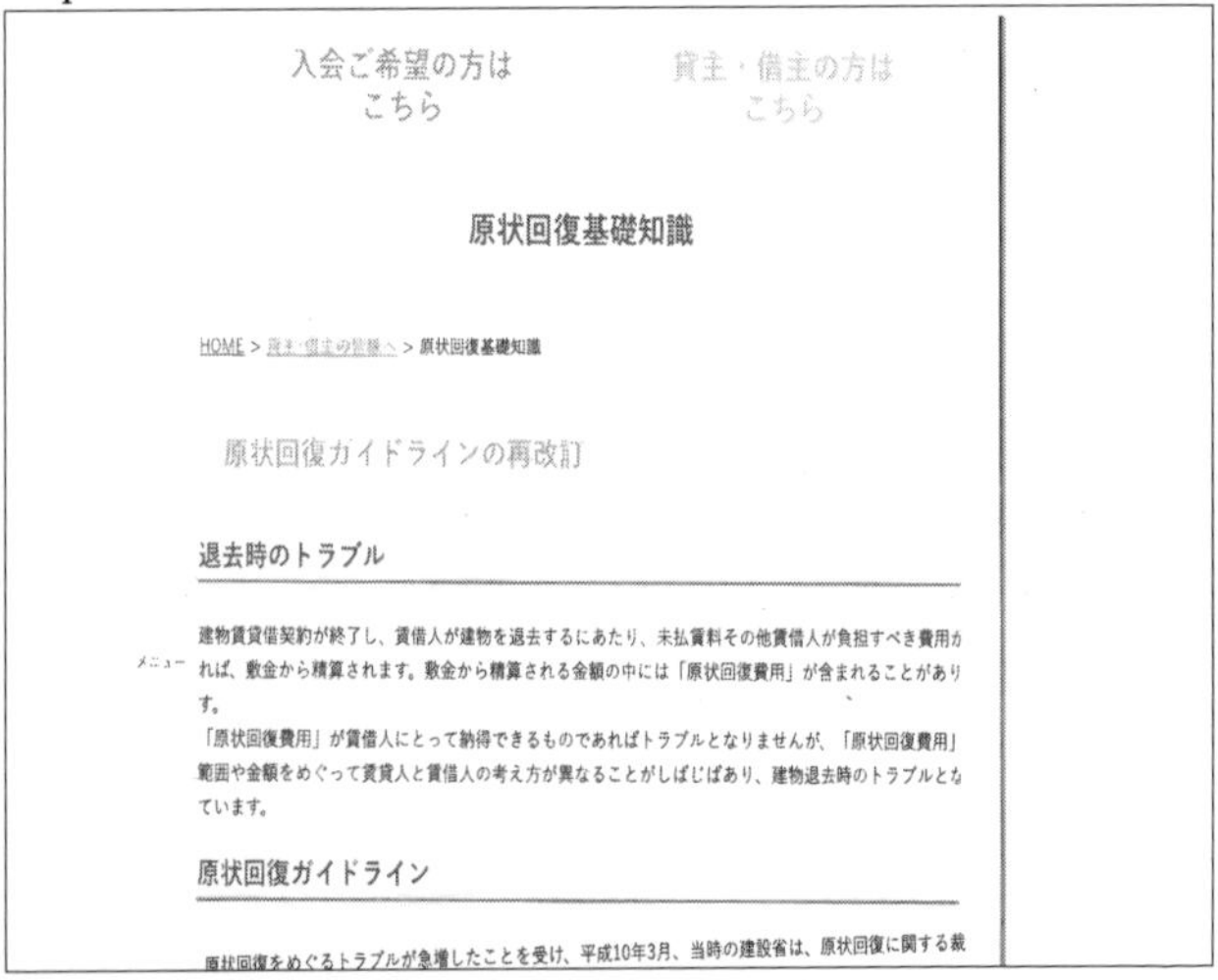


http://www.chinkan.jp/live/recovery/

# 第3章　利益を最大化するダブルエンジン不動産投資術

## 海外投資編

## 1　利益を最大化する投資の基本は「再投資」

### 国内不動産投資の収益を再投資

日本国内の1棟物収益不動産を購入することにより、家賃収入から、諸々の必要経費及び、金融機関への支払返済金額を差し引いた金額・キャッシュフローという不労所得が毎月入ってきます。

毎月入ってくるこのキャッシュフローをどのように運用するかについて、私からの提案は、キャッシュフローの約50％は、購入した物件の維持管理として使用するということをおすすめします。

例えば、入居者の退去時に発生する原状回復工事費用や、約15年に1回行う屋上防水工事費用などの大規模修繕工事費用、また、空室がでた場合、賃貸募集を行う際に、広告宣伝費（ＡＤ）などに使用します。

では、その他50％をどのように運用するかについては、どうするのか？　単に日本の銀行口座にお金を眠らせておかずに、毎月少額からできる海外積立や海外ファンドを購入することによる、キャッシュフローを再投資することをおすすめします。

実際に、私が購入した海外ファンドは、年間利回り約10％以上の運用成績を上げております。また、このファンドは複利で運用されております。複利には、72の法則という公式があり、元本が2倍になるには、次の式になります。

72の法則

72÷利回り（例えば、10％）＝7・2年

## 何に投資すればいいのか

海外積立・海外ファンドは、海外のオフショアエリアにて購入することとなります。

海外ファンドとは、香港・シンガポールなどのタックスヘイブンの国にある投資会社が、ファンドマネージャーと呼ばれる運用者によって、世界の株式や投資信託などへ、投資家がファンドを購入することで集めたお金を運用し、その運用益を投資家に還元する投資商品です。

ファンドマネージャーの運用成績次第で、運用益が変わります。ファンドマネージャーの手腕こそ、運用成績の良し悪しに影響します。

日本国内では購入できないのですが、日本の金融庁が驚くような魅力的な利回り金融商品が多々あります。

このような金融商品が日本で販売解禁されたならば、日本の証券会社・保険会社が根こそぎ倒産してしまいます。

まるで鎖国のようにがっちり規制されているというわけです。

## 2　海外に資産を分散することにより、リスクヘッジを行う

### 日本の投資におけるリスクとは

日本国内のみで投資を行うことによるリスクは、実にさまざまです。簡単に言うと、紙幣をどんどん刷って流通量を増やすことで、消費を喚起してデフレ脱却を図るというものです。

紙幣をたくさん刷ることは、円の価値が下がることになります。日本政府の負債は、現時点で1000兆円以上あり、日本の人口で割ると、国民1人あたり1000万円の借金を背負っている計算になります。

一部の経済評論家やアナリストは、東京オリンピックが終わって2023年ごろには、1ドル200円、400円のようなハイパーインフレが起こってもおかしくないと警鐘を鳴らしています。

このような状況のなか、はたして本当に日本だけに頼っていていいのかという疑問があります。日本国の人口減少は、今後さらに加速度的に進んで生きます。

20~60歳までの労働人口が減少し、逆に60歳以上の高齢者が増加します。経済を動かすためには消費を増やす必要がありますが、消費活動に積極的なのは労働人口です。

そもそも絶対数も減っているので、日本の経済成長が難しいのは自明の理です。さらに、日本には年収200万円以下の人口割合が20%近くいるという統計データもあります。

【図表４　年齢区分別将来人口推計】

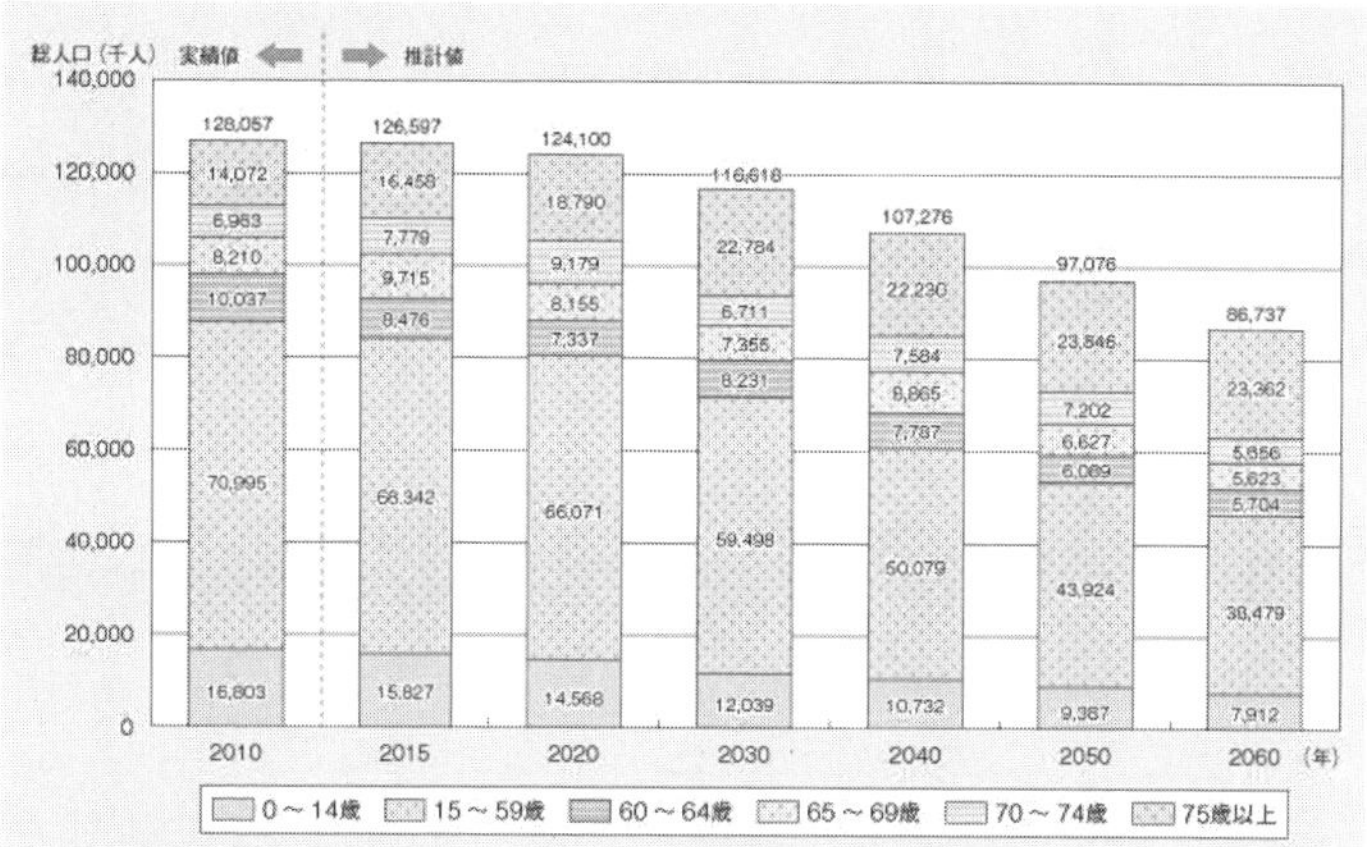


資料：2010年は総務省「国勢調査」、2015年以降は国立社会保障・人口問題研究所「日本の将来推計人口（平成24年1月推計）」の出生中位・死亡中位仮定による推計結果
（注）2010年の総数は年齢不詳を含む。

〈内閣府／高齢社会白書　平成24年版〉

http://www8.cao.go.jp/kourei/whitepaper/w2012/zenbun/s1_1_1_02.html

## 偏った高リスク投資からダブルエンジン投資へ

したがって、日本の国力が衰えることを前提にして、国内に依存しない資産のポートフォリオを形成する必要があるということです。

もし日本円だけしか持っていなかった場合、ハイパーインフレによる資産の目減りによる被害は甚大です。

ダメージを防ぐために、世界の基軸通貨のドルやユーロを分散して持つ、もしくは世界各国の通貨に変わるような新しい概念である、仮想通貨を持つなど、何らかの対策が必要です。

実際、日本の衰退に危機感を持っている富裕層は、海外に資産を移したり、シンガポール、香港、ドバイなどに移住しています。

移住の最大理由は、税金対策でしょう。

そういった動きを日本国は牽制して、

5000万円以上の資産を海外に出した人は申告しなければならない法律もできましたが、富裕層の海外移住の流れは加速していくと個人的に思っています。

もちろん、私は日本円をすべて捨てなさいと言っているわけではありません。生活レベルで所有する必要はあるでしょう。また、不動産や金などの現物資産を持つこともいいと思います。

たとえば、1ドル200円になったとしても、現金と違って現物資産は価値の目減りがありません。そして、もう1つの選択肢として、海外に資産を置くことでリスクヘッジができます。これについては次の項で詳しく説明していきましょう。

## 3　月200ドルから始められる手軽な海外積立

### 海外積立とは

海外で資産を持つうえで、比較的はじめやすいのが「海外積立」です。最小で毎月200USドルから積立ができます。

不動産投資が難しい方は、ここからはじめてもいいでしょう。海外に資産を分散する最も手軽な手段です。

オフショア国にある保険会社の商品を、オフショア国にある代理店経由にて購入することになります。

## おすすめの海外積立①　元本保証が人気の海外積立

では積立商品の一例として、どんな内容なのかご紹介したいと思います。

たとえば、ケイマン諸島にあるI社という保険会社に対して積立を行う商品があります。これは月々200USドルから積立ができ、日本国内で契約が可能です。このファンドは、ファンドマネージャーがアメリカで上場している株を購入し、そこからの配当を投資家に利益を還元しています。

アメリカは、日本と違って右肩上がりに人口が増えているので、それに付随して株価も右肩上がりです。この商品の最大の強みは、元本保証ということです。10年120%、15年140%、20年160%になります。

ただ、「積立期間中は積立金額を下げられない」「積立を止めることができない」「途中で引き出す場合は元本保証がなくなる」という条件もあります。

## おすすめの海外積立②　年間利回り平均20〜30%

次に紹介するのは、イギリス近くのマン島と呼ばれるタックスヘイブンの国の保険会社が取り扱っている商品です。ここは320USドルから月々の積立ができます。

元本保証はないのですが、ファンドマネージャーが運用してくれる商品です。ファンドマネージャーは、UBSマネーマーケットや有名なブラックロックなどのファンドを組み合わせて買っています。

ファンドマネージャーの腕次第ということもあるので、心配になる方もいらっしゃるかもしれません。しかし、私もこの商品に投資をしているのですが、今のところ年間利回りが悪いときでも10％はキープできています。平均は、20～30％です。

こういった投資先以外にも、いくつかの種類があります。

いずれも日本のクレジットカードから引き落としができます。つまり、日本国内からクレジットカード会社というシステムを使って、海外にお金を送ることができるのです。手軽ですしマイルなども貯めることができます。

## 4　第2ステップは海外口座の開設

### 海外口座を開くメリットは

外国へ口座を開くメリットは　資産のポートフォリオを分ける手段を手に入れられることです。

海外の現地に行かないと口座は開設できないため、また、現地銀行員と英語でのコミュニケーションも多少は必要です。

日本人の大リーガーやサッカー選手も海外で英語を話しております。そのレベルのコミュニケーションは必要となります。

## もっとも口座を開きやすいのは香港H銀行

日本人が海外口座を開設しやすいのは、香港です。私もさまざまな国の口座を持っていますが、一番のおすすめは、香港にある世界トップ10に入るような大手金融機関・H銀行です。

この銀行はインターネットバンキングが非常に使いやすく、送金などが簡単にできます。また、海外では日本と違って口座維持手数料がかかるのが一般的なのですが、H銀行の場合、ある一定金額を預けていれば、口座維持手数料がかかりません。逆にいうと、ある程度の金額を入れておかないと、毎月手数料がかかるので注意が必要です。

また、これも海外口座のメリットですが、海外積立が満期になったときに、海外口座に満期の金額を送ることもできます。日本国への確定申告は必要となります。このようにH銀行の口座は使い勝手がいいので、非常におすすめです。

## ３つの顧客グレード

H銀行では、顧客を３つのグレードに分けており、上から順番にプレミアム口座、アドバンス口座、スタンダード口座となっています。

プレミアム口座の場合、日本円で約１５００万円以上預金していないと、そもそも口座が開設できません。ただ、1人の顧客に対して1人のバンカーがアドバイスをしてくれるという、プライベートバンクに近いサービスを受けられます。

たとえば、一般の口座に加えて投資口座も開設できます。

これはアドバンス口座でも開設できるのですが、H銀行が取り扱っているファンドを購入することができます。

私も持っているのですが、非常に運用成績がいいです。ドル立て、香港立てで買うファンドがあり、私が所有しているファンドは10％以上の利回りがあり、毎月配当がH銀行の口座に振り込まれます。

そのファンドを買っても口座維持手数料の金額にカウントしてもらえるので、現金でおかないでファンドを購入することによって、お金に働いてもらえるのでおすすめです。

2番目のグレードのアドバンスのほうでも投資口座は開けるのですが、アドバイザーはつかないので、自分でファンドを探さなければなりません。

## 5　複利のパワーが得られる海外ファンド

### 海外ファンドとは

海外ファンドは、積立とは違って、一度に購入します。よって、まとまったお金がないと購入できません。最低1万USドルくらいから始められます。海外ファンドの購入方法ですが、日本人に馴染みのある香港やシンガポールの投資会社を経由して買うのがおすすめです。

たとえば、私はシンガポールの投資会社を経由してファンドを買っています。

この会社はインターネットに情報が載っていないので、人脈がなければまずたどり着くことができないです。

私は15年近くの投資歴があることから、投資家仲間の人脈を通じて紹介を受けました。

このファンドは、最低投資金額は１万ドル以上です。１万～５万ドル未満だと年12％、５万ドル以上だと14・４％の確定利回りで運用してくれます。

この運用先は、シンガポールの証券会社です。親会社は上場している運送会社です。

想定されるリスクとしては、証券会社が潰れたときにお金が戻ってこないことです。ただ、私が運用している５年間は１度も配当が遅れたことがないですし、この運用先は日本でいう日通のような大手運送会社なので、まず安心かと思います。

基本的には50万ドル以上の方のみの大口客しか扱ってないのですが、私を含め一部の人は、特別枠として１万ドル以上の枠で投資させていただいています。

## 香港Ｈ銀行でのファンド購入

また、さきほど紹介したＨ銀行などから直接買えるファンドもおすすめです。

株と同じように経済状況を見る必要がありますが、それさえクリアすれば、複利でどんどんお金を増やすことができるでしょう。

## 6　慣れてきたら行いたい、その他の海外投資

### その他おすすめの海外投資①マイニングの機械

これまで紹介してきた以外にも、私はビットコインのマイニングの機械を海外の投資会社経由で買っています。

マイニングとは、ブロックチェーンにおいて新たなブロックを生成し、その報酬としてビットコインを手に入れる行為のことです。

私は、マイニング用の機械を動かすことによってビットコインを生産しています。

この機械は日本で買うと高く、またマイニングには膨大な電気代もかかるため、海外のルートで買いました。日本だと100万円くらいの機械を、海外だと50万円くらいで購入し、マイニングをしてビットコインをつくりだすのです。

こうしたビットコインのマイニング事業は、よくモンゴル、マレーシア、中国で案件がありますが、私も仲のいい海外投資家ルートでやっております。

今後ビットコインの価格が暴落しなければ、私は相場の半額ぐらいで買っていますので、1ビットコイン9000ドル以下にならなければ、6か月以内で投資金額を回収できる計算です。

したがって、いかに機械を安く買うか、電気代などの経費をどう工面するかということがポイン

トになります。

## その他おすすめの海外投資②金

ビットコイン以外だと、私は香港の会社から金を買って運用もしています。昨年、香港から金を密輸した人が逮捕されたニュースなどもあって、良いイメージがないかもしれませんが、それなりに儲かっています。

そもそもなぜ事件になったかというと、日本以外の世界各国では、金の売買には消費税がかからないのですが、日本は消費税がかかるのです。たとえば、香港で1000万円の金を購入して日本で売ってしまうと、消費税分の80万円得するわけです。なので、そういったルールを悪用した人が逮捕されたのです。

ただ昨年6～8月ごろまで、H銀行の子会社の銀行で、コインベースやバーベースで金を購入できました。

私はもちろん密輸はしていませんが、金の運用という投資商品を購入しております。これは、たとえば1万ドルの金の投資商品を買うことによって、年利8％、10％といったリターンを得られるというものです。

私は2案件投資しているのですが、10％、14％と運用成績は非常にいいです。それは1年間契約で、1年後に金で返ってくるという日本にはない投資商品です。

## 7　10年後、20年後を見据えた長期投資のやり方

### 分散投資で致命傷を負わない

投資商品をいろいろご紹介してきましたが、私が伝えたいことは「分散投資して複利でお金を増やしていこう」ということに尽きます。

たとえば、年利20％で運用してくれるファンドがあったとします。手持ちの現金は２０００万円です。このとき、全額そこに投資してしまったら、運用会社が破綻したとき致命傷になってしまいます。

年利10％以上の商品は、相応のリスクがあるものです。

ですので、リスクを回避する意味でも、できるだけ小口にしてポートフォリオを組むことをおすすめします。とにかく致命傷を負わないことが鉄則です。海外の投資商品は複利でまわっているものが多く、資産を加速度的に増やすことが可能です。

### 複利の力を最大限に活かす

たとえば、年利10％の投資商品に対して１００万円×10口投資したとします。

すると、７・２年で２０００万円になり、15年で４０００万円に増えます。22年後には８０００万円になっているのです。ですから、複利の力を生かして長期でリスクが分散できる投資

をぜひ検討していただきたいと思います。

分散投資の基盤として、日本国内の収益不動産を持つことをおすすめします。しかしながら、２０２０年以降にハイパーインフレになった場合、もし海外にドル資産を持っていれば、大きな優位に立てるはずです。

日本の土地が下落したタイミングでハゲタカファンドのように日本の好立地物件を買うこともできるかもしれません。これは夢物語のように思えるかもしれませんが、実際に各国で起こっていることです。

したがって、日本経済の将来的なリスクを意識して、海外に資産を移すという選択肢が今後ます重要になってくると思っています。ポートフォリオのつくり方、投資先のアドバイスなどについては、私がこまかく丁寧にご教示しますので、ぜひ気軽にご相談いただければと思います。

また、本書を購入してくださった方々を対象に、出版セミナーも開催します。本には書けなかった具体的な投資先、ノウハウをご紹介しますので、ぜひ足を運んでみてください。

## 再投資を続けることが大切

大切なことなので何度も申し上げますが、不動産投資で大事なのは、キャッシュフローがでたら、それを再投資していくことです。お金を銀行に眠らせずに、複利の金融商品に再投資することです。再投資、再投資、再投資することで、資産もキャッシュフローも拡大していきます。

これは、複利の力ということで、金利に金利がついていくことで、数年後、数十年後にもの凄いお金になります。利益を再投資することで、資産が加速度的に増えていきます。利益を再投資することでお金持ちになれます。

現代はある意味幕末に似ています。志をもった、坂本龍馬のような投資家が海外の金融商品を購入する方法を探し出して、利益を再投資する手法にて、利益を最大化にし、世界で一番儲かる投資をおこなっております。

## まずは行動を起こそう！

確かに1人で海外の金融商品を購入することは難しいですが、よいアドバイザーさえいれば、このような投資のハードルは、それほど高くなくなります。

あなたがもしこのような投資、ダブルエンジン不動産投資に興味をもったなら、まずは、一緒に勉強してみませんか？　勉強をして投資マインドやノウハウを知った後、あとは行動するだけです。

ほとんどの方は行動せずに、ノウハウコレクターで終わってしまいます。すべては、1歩ずつコツコツ行動することから始まります。まずは、ご自身でインターネットなどで調べてみてください。いろいろな情報がインターネット上にでておりますが、本当によい情報はフェイス・トゥ・フェイスにて信頼のおける方からしかもたらされないと思います。まずは、あなたの足にて1歩を踏み出してください。投資の道も、まずは小さな1歩から始まります。

# 第4章　始めるなら今が一番のチャンス！

## 融資・法人戦略編

## 1　低金利による銀行借入れによりレバレッジをかける

### 国内不動産投資、最大のメリット「融資」

不動産投資の最大のメリットは「レバレッジを利かせられること」です。レバレッジとは、小さな力で大きなものを動かすという意味の「テコの原理」と同じで、少ない投資額で大きな資金を動かすことを指します。

株やFXでも、同じようにレバレッジを利かせることは可能です。しかし、いずれも○倍といった制限がある一方、不動産投資は、融資金額の上限の割合が法律で決められているわけではありません。

1棟アパート、マンションを購入するとなれば、その価格は数千万～数億円と高額です。しかし不動産投資だと、購入物件を担保に入れることで物件を手に入れられます。

つまり、自己資金がそれほどない人でも、銀行から融資を受けることで物件を購入できるということです。

レバレッジを利かせることで、自己資金が少なくとも、加速度的に資産規模を拡大していくことは不可能ではないのです。むしろ、レバレッジを利かせなければ、不動産投資の強みを活かせていないといえます。

## 物件よりも、まずは融資ありき

優良物件を見つけたとしても、融資を受けられなければ元も子もありません。

したがって、まずは居住エリアにある金融機関の融資条件や、自身の属性がどれほど評価されるのかを把握したうえで、目標となる家賃収入、キャッシュフローを定め、そこから逆算して物件を探していくというのが正攻法でしょう。

融資に強い物件種別という意味では、ＲＣ造だけが当てはまるわけではありません。ただ、一般的に木造は、鉄骨やＲＣ造よりも耐用年数が短いので融資期間が短くなる場合があります。

しかし、投資家としては、木造物件は高利回りになることも多いので、人気を博しているのは事実です。銀行からの融資承認を受けられて、かつ利回りがある鉄骨造、ＲＣ造、木造を検討することをおすすめします。

## 融資が難しい物件

築古の木造であっても融資をするという金融機関が見つかれば、鉄骨造やＲＣ造にこだわる必要はないでしょう。融資が受けられて、しっかりキャッシュフローが出るのであれば、物件種別は何でもいいと思います。

ただ、テナントや事務所といった商業物件に対しては、銀行の審査が厳しいので、購入対象はレジデンス（住居）に絞りましょう。

加えて、投資規模を拡大していきたい人の場合、利回り以外にも投資効率が大きい大規模物件を購入したほうが、スピーディーに資産を築けるので、よく検討する必要があります。

また収益物件のなかには、一部の金融機関を除いて、融資が受けられない、つまり担保として見てもらえないものがあります。

「再建築不可物件」（建て直しができない物件）、「借地権の物件」（評価が厳しく担保としにくいため）、「違法物件」（建築基準法、建ぺい率&容積率オーバーなど）などの物件です。

## 融資では1棟物件が圧倒的に有利

1棟物件がおすすめの理由は、ほかにもあります。

金融機関からの融資を受ける際、区分物件よりも融資承認がおりやすいのです。区分所有マンションは、そのマンションの所有者全員で土地の持分を割り振るため、1戸あたりの土地の持ち分はわずかしか残りません。

結果、担保評価が低くなりやすく、実際の売買価格より担保評価のほうが低くなる可能性が高いのです。積算評価が低いです。

一方、1棟物件の場合、金融機関が算出する担保評価額よりも購入価格が上回るケースが珍しくありません。なので、物件価格と同じ金額を融資するフルローンや、物件価格と諸経費まで融資するオーバーローンを受けられる可能性が高いのです。

また、所有物件の担保評価の合計がローンの残債を上回れば、資産超過とみなされるので、2棟目を購入する際に審査が通りやすくなります。積算価格についても融資審査では、大切な要因となります。

## 金融機関から融資を受けて物件を買う理由

物件購入の際の融資の割合は、少なくとも9割以上をおすすめしています。その理由は、融資の割合を高めることで資金効率が格段に良くなるからです。

たとえば、自己資金400万円を持つ人が、5000万円の物件を購入するとします。

不動産会社に払う仲介手数料や各種税金を含めた諸経費は、物件価格の7％程度（約350万円）必要ですので、そこで自己資金を350万円使ってしまうと、50万円しか残らない計算です。つまり、ほぼフルローンで融資を組めないと、5000万円の物件は購入できないということです。

一方、同じ物件を頭金1000万円入れて購入したとしましょう。頭金ゼロの場合よりも年間返済金額は少ないですが、資金（頭金）の回収期間は長くなります。

不動産投資に積極的に融資をしてくれる金融機関は、決して数は多くないものの、いくつか存在します。

何千万円ものローンを組むのは不安という人もいるかもしれませんが、資産を持たない人でも融資を受けることで優良物件を購入するのが不動産投資の醍醐味なのです。

## 2　銀行融資の特徴

### 不動産投資で使える融資とは

国内で収益物件を購入する場合、住宅ローンは基本的に使えません。賃貸を目的にしているのに住宅ローンを利用することは、住宅ローンの規約で禁止されています。

このように、住宅ローンを利用できるのは、「自宅購入」のために限られています。アパートやマンションなどの収益物件を購入したい場合、以下の２つのローンのどちらかで融資を受けることになります。

### 不動産投資の融資①アパートローン

「アパートローン」とは、その名のとおりアパートをはじめとする収益物件を購入する際に利用できるものです。金融機関によって、物件評価や融資対象エリアが異なるのが特徴です。

たとえば、「政令指定都市から30分以内、物件価格は1億円以内」などです。また、住宅ローンよりも金利水準が高いのも特徴です。２～４・５％程度が多いといえるでしょう。

なお、アパートローンは、個人で設立している資産管理法人への融資にも対応している場合もあります。

### 不動産投資の融資②プロパーローン（事業性融資）

プロパーローン（事業性融資）は俗称であり、こういった名前のローン商品が実在するわけではありません。一般的にプロパーローンは、企業が設備投資をするための融資や、運転資金のための融資などの役割を担っています。

このような事業のための融資の審査ルートに乗るかたちで、収益物件の審査も行れます。

プロパーローンの特徴は、審査基準が明確に定められていないため、住宅ローンやアパートローンと比較して審査期間が長くなる傾向があることです。

収益物件、とくに優良物件は人気が殺到しますから、審査に時間がかかってしまうと、その間にほかの投資家に先を越されてしまうリスクがあります。

ただ、審査基準が明確に定められていないということは、融資金額の上限もないということです。すなわち、金融機関に直接交渉することで、アパートローンでは実現できなかった条件で融資を受けられる可能性もあるのです。

## 3　押さえておきたい融資審査の基本

### 金融機関は何を重視するのか

金融機関が収益不動産の融資審査をする際には、物件の概要資料だけでなく、借り手の名前・住所などの個人情報、源泉徴収票、給与明細書、保有資産明細、免許証、保険証などさまざまな資料の提出を求められます。ただ結局のところ、審査で重視されるポイントは、「個人属性」と「物件評価」の2つに集約されます。

## 大切な「個人属性」

個人属性とは、主に年収と自己資金の金額に対しての評価を指します。ともに、多ければ多いほど評価は高くなりますし、思わぬ修繕が発生したとき、空室が続いたときでも経営を続けられる余裕があると見なされるのです。

自己資金や年収以外だと、居住地が融資対象エリア内かどうか、自宅の住宅ローンや教育ローン、オートローンなどの残債が残っているかなども審査対象となります。

不動産賃貸業の経験や実績が有利に働くケースもありますが、それには複数棟の不動産を保有していたり、プロの不動産賃貸業者として独自の取り組みをしたりしている必要があります。

属性とは、銀行からみて借入申込みをしてきた人が、どれだけ返済能力があるのかを判断するための指標です。

## 長い勤続年数も優位になる

具体的に言うと、借りる人の職種と年収です。

多くの銀行の場合、勤続年数が長く、安定的に毎月給料が入ってくる会社員の方が、融資を受けやすくなります。安定的であることが重要なので、たとえば公務員や大手上場企業の社員であれば、さらに評価は高くなり、好条件で融資を受けやすくなります。

逆に、収入が安定していない個人事業主や中小企業の経営者になると、審査が厳しくなり、融資決定まで時間がかかることも多いです。

また、長年勤めていた会社をやめて専業大家になった人も、同じような理由で融資が難しくなります。

したがって、会社をリタイヤする前に、属性を生かして銀行から融資を受けて物件購入したあと、専業大家になるのがステップとしては正しいと思います。

**資産背景もチェックされる！**

よく「物件価格の１割は自己資金が必要」という人もいますが、必ずしも正しいわけではありません。

勤め先や勤続年数、年収など属性が優れていれば、自己資金がゼロでも銀行から融資を受けて購入した人はたくさんいらっしゃいます。

属性には、個人の資産背景も含まれます。お金を貸す銀行にとって、万が一貸し先が破綻した場合、物件を売却して返済に充てたとしても残債が残る恐れがあります。

そのリスクを避けるため、金融資産を多く持っている人の評価が高くなります。金融資産の種類でいえば、現預金の評価が一番高く、続いて流動性の高い有価証券、外貨建て金融資産という順になります。保険の解約返戻金は、あまり期待ができません。

### 親や配偶者の不動産も資産として評価

なお、金融資産だけでなく、不動産も資産として評価されます。担保余力のある不動産を所有していれば、それを共同担保として入れることによって、購入物件の金額以上に融資してもらえる可能性もあります。

また、本人の個人資産がわずかでも、配偶者や両親が多額の資産を保湯していれば、連帯保証人にすることで資産を合算して評価してくれます。

ただ、そのためには配偶者や両親に不動産投資へ理解が求められますので、家族間で不動産投資を協力してもらえるような体制をつくりましょう。

貯金が多いほど安定経営ができる銀行融資を使うことで、極力、現金を使わない形で不動産投資が行えることを述べました。とはいえ、貯金0の人が不動産投資を行うことはおすすめできません。貯金額は、多いに越したことはありません。

銀行からの信頼度が増すのはもちろん、いざ賃貸経営をはじめたときに、不測の事態に対応できるからです。たとえば、空室が相次いで月々の返済計画に狂いが生じたとしても、貯金で補填できれば、数か月は耐えることができます。また、修繕費が予定よりもかさんでしまったということもあるでしょう。

不動産投資は、投資というよりも事業という側面が強いです。当然、うまく進むと思っていた経営計画も、想定外の出費でブレが生じることもあります。そんなときに貯金がゼロだったらリスクを乗り越えることができません。

成功している投資家は、毎月入ってくるキャッシュフローを使わずに貯金しています。それは次の物件を買うときの頭金として貯めている側面もあるのですが、リスクに負けず安定経営するためでもあるのです。

## 4　物件評価は「積算法」「収益還元法」の２種類

### 銀行は「物件評価」を重視する

金融機関は、積算法と収益還元法という２つの方法で、物件の担保評価を算出します。

積算評価法では物件の土地価格と建物の価格の資産性を評価することになります。

土地部分は国税庁によって定められる路線価と敷地面積によって算出し、建物部分についてはＲＣ（鉄筋コンクリート）造や木造などの建物構造に応じた法定耐用年数や築年数、延べ床面積などによって決まり、この２つを合算して積算評価を算出します。

積算評価法は銀行が担保価値を測定するための評価方法ですが、いくら積算評価法で資産価値が高く出たとしても、必ずしも不動産の実勢価格や収益性が反映されているわけではないため、次に説明する収益還元法も併用する金融機関もあります。

収益還元法の評価では、物件の収益性を計算します。収益還元法には2つの計算方法がありますが、そのうちの1つの直接還元法では、将来得られる価値を「還元利回り」として設定して物件の収益性を評価します。

還元利回りは、一定の水準で決めることになりますが、この数値をどう設定するかが計算結果に大きく影響するため、当たり前ですが結局のところ「机上の計算」以上の精度を得ることが不可能です。

## 物件評価は時と共に変化する

規模拡大を目指すうえでは、その銀行が「何を重視して融資をしているのか」を知ることが求められます。

銀行によっては積算評価を見ず、収益還元評価を見る……その逆のパターンもあります。ですので、十分なヒアリングをするとともに、自分の目標を達成するための物件に対して融資をしてくれるのかを調査する必要があります。

銀行の評価基準は次の3通りです。

・積算評価を重視
・収益還元を重視
・積算評価・収益評価どちらも見る

これらは同じ銀行であっても、市況や経営状況によって変わることがあります。

最新情報をサラリーマン投資家が常に把握することは難しいと思いますので、そういう意味ではやはり信頼できるパートナー（不動産会社）の存在が重要といえます。

## 借りる順番を意識しよう

はじめての物件を購入するうえで、金融機関との付き合い方を事前に決めておくことは非常に重要です。

たとえば、担保価値のない物件を買ってしまったり、ノンバンクで借り入れしたりしてしまうと、高利回り物件は手に入るかもしれませんが、２棟目以降を購入しようとしたときに行き詰まる可能性が高まります。

もちろん、１棟目は融資先や条件にこだわらず、とにかく高利回り物件を購入し、キャッシュフローを加速度的に溜めていくというのも一手でしょう。

ただ、事業規模を目指している人は、１棟目を深く考えずに買ってしまうと、後々後悔するかもしれません。長期的な視点をもって、どのような順番で借り入れをするのかということを、事前にしっかり考えておきたいところです。

### 購入前に必須の収支シミュレーション

不動産投資の成否は、いくらキャッシュフローが出ているかが大切です。ですので、収支シミュレーションにおいては、「この物件を、この融資条件で買えたら、毎月どれだけのキャッシュフローを得られるか」という視点を忘れてはいけません。

収支計算をする際は、一定のリスクを想定することが大切です。経費率は、管理費、光熱費、固定資産税など物件価格の20％で設定しておくと安心です。

また、永久に満室であることはまずあり得ないので、入居率85％くらいで設定しておきましょう。金利は、3％以上で借りた場合は5％程度、1％で借りるのなら3％程度で試算しておくと安心です。

## 5　知っておきたい銀行の種類と取り組み方

### 銀行によって変わる基準

よく「年収が高い人はRC造、低い人は木造を狙うべき」と勘違いしている人がいます。

ただ、「こういった属性の人は、こういう物件しか買えない」という先入観は投資の幅を狭めかねないので、非常にもったいないです。実際、高属性でなくともRC造の物件を買えている人はいます。金融機関の評価基準を理解し、そこに合わせた物件を持っていったからです。

つまり、あくまで銀行の基準を満たす物件を狙うということです。ただし、キャッシュフローが出ることは大前提です。「物件を買うこと」だけを目標にしてしまうと、そもそも不動産投資をはじめたきっかけがぼやけ、見当違いな物件を購入してしまいかねません。

また、金融機関によっては、個人なのか法人なのかということも融資審査時に大きな意味を持ちます。なかには「法人にも貸していますよ」と言っていても、実際には個人にしか融資していない金融機関もあります。

個人の場合、融資限度額というデメリットもありますが、団体信用生命保険をつけることができるので、高利回り物件で、団信をつけたいということであれば、そこに適した銀行もあります。

次項からは、個別の金融機関を取り上げ、その特徴や攻略法を紹介します。最初に断っておきたいのですが、ここに書かれた情報も時を経るごとに変化することが大いにあり得るということです。あくまで執筆時点の情報とお考えください。

## メガバンク

数ある金融機関のなかでも、メガバンクは特に融資基準が厳しく、審査にも時間がかかるのが特徴です。日常的に数億〜数十億円規模の融資が発生しているため、数千万円程度の収益物件への融資について優先されることはまずありません。

また、収益物件への融資に対しても個人の年収や自己資金などの属性のハードルが高く、年収1500万円以上、かつ自己資金を数千万円持っているレベルでようやく審査の土台に上がれるくらいです。

ただ、金利は他の金融機関よりも低く、全国に支店が点在していることから融資エリアが非常に広いのが強みといえるでしょう。融資金額の割合についてですが、基本的には物件価格の7～9割程度が多いです。

**地方銀行**

地方銀行は、全国地方銀行協会に加入している第一地銀と、第二地方銀行協会に加入している第二地銀に分かれます。この2つを合わせて「地銀」と呼ばれています。

地銀で融資を受ける際には、購入したい物件が所在する市町村に、その地銀の支店があることです。地銀は企業および事業への資金調達を通じて、そのエリアの経済発展に寄与することを目的としているためです。

静岡県に本店があるスルガ銀行などのように、エリアを問わず融資する地銀も存在しますが、それはごく例外的です。基本的には、融資申込みを行う本人の居住地にも支店があることが求められます。

本人の居住地でなくても、配偶者や親戚がそのエリアの出身者である、といった地縁がないと、検討の土台に上がることが難しくなります。

地銀の金利は、メガバンクと後述する信用金庫の中間ぐらいで、１％後半〜２％後半が多いといえます。また、融資の引き締めがいわれていますが、賃貸経営の融資に対して積極的な地銀もいくつか存在します。

## 信用金庫・信用組合

信金・信組は、銀行と違い、営利目的で設立されておらず、その地域の中長期的な発展に寄与することを目的としています。そのため、該当エリアの居住者しか融資を受けることができません。

不動産投資に積極的なところと、そうでないところがありますが、特徴としては、収益還元評価を主としており、融資期間も法定対応年数でなく独自の基準を持っていることです。

また、信金・信組の特徴として挙げられるのは、原則「フルローンをしない」ということです。例外もありますが、基本的には最高でも物件価格の90％です。つまり、物件価格の１割以上の自己資金は必要ということです。

信金にはパッケージとなったアパートローンは存在せず、融資の審査はプロパーローンとして基本的に扱われます。また、そもそも新規の賃貸業への融資をしていない場合もあるので事前に確認しましょう。

融資期間は信金・信組によって異なります。法定耐用年数以上でも融資してくれるところもありますし、厳密に遵守するところもあります。

なお、借り手の人間性や信用度を重視する傾向が強いため、新規開拓する際はできるだけ紹介を受けた方が有利でしょう。金利に関しては、メガバンクよりは高いですが、実績を積むことで柔軟に対応してくれる場合もあります。

## ノンバンク

銀行は融資のための原資を預金で調達しているのに対し、ノンバンクは銀行からの借入れや他のノンバンクからの融資により、原資を調達しています。ノンバンクを利用している不動産投資家も珍しくなく、特に区分物件など2000万円前後までの融資でよく使われます。

それ以上のケースもないわけではないのですが、金利が高いのがデメリットです。収益不動産に対する融資姿勢は常に積極的です。また、銀行や信金と違って、融資期間内に繰上げ返済したり、売却して一括返済したりしても、ネガティブな印象を抱かれることが少ないです。

ただ、他の金融機関はノンバンクから借り入れしている投資家はよく思われないこともあります。ですので、メガバンクや地銀で借りられる人は、ノンバンクの優先順位を下げるべきです。

## 政府系金融機関

政府系金融機関には、日本政策金融公庫と商工中金が該当します。ともに中小企業の資金調達の円滑化を目的としており、収益不動産に対しての融資も比較的積極的なのが特徴です。また、どちらも全国に支店を展開しているため、融資エリアは広く対応してくれます。

不動産投資の勉強をしている方なら、日本政策金融公庫の名前を聞いたことは一度や二度ではないでしょう。主なメリットは次のとおりです。

・固定金利、また金利が低い（1％後半から）
・法定耐用数オーバーの融資も可能
・低所得者でも融資を受けられる
・初心者でも融資が受けられる

融資限度額は原則4800万円（新規開業資金、女性企業家支援など各種制度を併用すると7200万円）です。

物件評価についても独自の計算式を使い、融資期間も原則10年で、最長15年程度のため、かなり高利回りの物件でないとキャッシュフローが出ません。

女性であれば優遇されるので、たとえば奥様の名義で融資申請をすると、15～20年に融資期間が伸びることもありえます。なお、55歳以上の方も優遇措置はあります。

注意点としては、支店の担当者によって融資に対する姿勢が大きく変わることです。また、公庫で買い始めて違う銀行に進むことは難しいため、高年収で最初から大規模な投資を目指す人には勧められません。

## 6　条件の良い銀行融資を引く極意

### 支店や担当者によっても変わる

いくら優良物件を見つけたとしても、融資が承認されなかったら、あるいは悪条件でしか融資を受けられなかったら、投資の成功は難しいです。

前項でどんな金融機関があり、それぞれどのような融資姿勢なのかを紹介しましたが、これらの情報は市況、個人の属性、提案のタイミングによって結果が大きく変わります。

また、同じ金融機関であっても、支店長や担当者によって、審査結果が変わることも珍しくありません。とはいえ、基本的な知識を身につけないまま闇雲に融資の打診をしても、失敗が重なるだけです。

ここからは、どのようにアプローチすれば有利な銀行融資を受けられるのか、そのノウハウを紹介します。ぜひ、チャレンジしてみてください。

### 銀行へは紹介で行くのが鉄則！

融資の打診は、購入候補の物件を見つけた後が一般的です。

その際、どこの金融機関を利用するのかある程度目星をつけて打診する必要があります。

というのも、メガバンクや日本政策金融公庫であれば、エリアを問わず融資をしてくれますが、地銀は物件があるエリアに支店がないと難しいからです。

ただ、これまで全く付き合いのない金融機関に、いきなり問い合わせをするのは不安だと思います。そのため、物件を仲介する不動産会社にお願いしたほうがいいでしょう。

不動産会社はやりとりのある金融機関があるのが普通なので、紹介というかたちで行くことができます。

さらに、その不動産会社が過去の融資担当者を知っていれば、その人に直接アクセスすることにより、審査を受けるうえでスムーズに進む可能性が高まります。

## 紹介以外での銀行訪問時の注意

自身で銀行に融資の打診を行う場合、直接店舗に行ってもいいですが、担当者が多忙でつかまらないことが多々あります。また、そもそも平日の昼間に銀行に行くのが難しい人もいるでしょう。

そういう場合は、担当者に電話で軽く話をして、メールや郵便で指定された資料（個人属性情報、物件情報など）を送るようにしましょう。

電話をかける支店は、物件の近く、あるいは自分が住んでいるエリアの支店を選んでください。

なお、2つ以上の金融期間に同時に打診しても問題ありません。

「物件を持ち込む前に金融機関に行くべきか？」と思った人もいるかと思いますが、その必要はありません。

金融機関としても、具体的な物件情報がないと、融資できるかどうかを答えにくいからです。

融資担当者は、いくつもの案件を抱えて忙しく働いています。お互いができるだけ効率的に進むよう配慮しながら打診をしましょう。

## 銀行にヒアリングすべきこと

銀行開拓をする際は、次のようなことを確認しましょう。

・対象地域
・金利
・融資期間
・対象物件に対するスタンス（耐用年数、物件の違法性など）
・評価方法（積算重視・収益重視か）
・内諾までのスピード
・求められる属性・資産背景（貯金の必要の有無など）

半年に一度を目安にすでに開拓済みの金融機関と、新規の金融機関をまわり、融資状況がどうなっているかも含めて確認をします。

こうすることで、関係性を維持しながら最新情報を得ることもできます。また、何度持ち込んでも融資承認まで持ち込めないという場合でも、手ぶらで帰るのはもったいないです。

物件がダメなのか、属性的に厳しいのか、法人の決算書の内容が悪いのかなど、その理由をヒアリングするようにしてください。

「今回もダメだったか」で終わるのではなく、その原因を突き止め、次に生かしましょう、この粘り強さが成果につながるのです。

## 節税でなく納税する

節税することで頭がいっぱいになってしまうと、損をするケースもあります。

というのも、金融機関は納税額が多い人（会社）ほど信頼するからです。納税額が多いということは、それだけ決算書の内容が優れているということの裏返しでもあります。

金融機関は、「この借り手はしっかりお金を返してくれそうか？」ということを細かく見ています。当然、赤字やぎりぎり黒字という個人・法人よりも、しっかり稼いで納税しているほうがポジティブに判断されるのです。

また、融資担当者もいち営業マンとして数値目標があります。つまり、できれば多くの融資をして成績をあげたいわけです。なので、どういったポイントを押さえれば融資をしてくれるのかを素直に聞くのも一手です。

少なくとも、短期間で規模拡大を実現した人は、納税の重要性を理解しており、さらに金融機関の担当者とのすり合わせもしているものです。

## 7　最適な銀行融資の引き方とは

### 肝心なのは「融資がつくのか」ということ

物件選定についての話をしてきましたが、いくらその地域のことを詳しく理解したとしても、融資がおりなかったら結局購入できないわけです。したがって、どんな物件なら融資がつきやすいかと考える必要があります。

まずは自分が使える金融機関を把握すること、そのうえで、その金融機関がどのような物件に融資をだしているのか、その条件を知ることが先決です。そこから逆算して融資が出る物件を探すのです。

具体的にいえば、その銀行の担当評価が「積算評価で算出する」とわかれば、積算評価の出る物件を徹底して探しますし、「収益還元を重視している」ということであれば、利回りの高い物件を探します。

このように融資から入って物件を決めるのが、成功への近道になるでしょう。ただし、融資情報は常に変化をしていきます。

金融庁のお達しによる各行の方針はもとより、各支店においては支店長のタイプによって融資に積極的かそうではないのかもわかれます。

さらにもっといえば、担当者に賃貸不動産の融資付に強いか否かも重要なポイントです。金融機関は定期的な転勤がありますから、こういったことまでを個人で把握するのは不可能です。

だからこそ、融資アレンジに強い不動産業者が求められています。

しっかりと金融機関とパイプを持った不動産業者から、融資に関する情報を引き出して、そのうえで物件選定をするのが成功する不動産投資への近道です。

## 銀行融資に強い業者をパートナーにする

担保評価は、金融機関によって異なります。積算評価なのか、収益還元評価なのか、それともそれらを半々で評価していくのかという違いです。ただ、各金融機関の担保評価の特徴や、どのエリアに融資をするかなどは、個人投資家ですべてを把握するのは不可能です。

したがって、そういった金融機関の融資状況に詳しい業者をパートナーにすることが非常に大切といえるでしょう。

不動産会社によっては、高金利だけどスピード融資してくれる銀行しか付き合いがないため、とにかくレバレッジをかけて投資することをすすめるケースがあります。それ以外の投資スタイルは全否定という感じです。

もし、その不動産会社に問合せをしてみて、紹介してもらえる銀が１、２行しかないのであれば、理想的な業者とはいえないでしょう。

不動産投資にはさまざまなスタイルがあります。これと決めていない初心者の方でしたら、まずは幅広い提案をしてくれる不動産会社に問合せをしてみるべきだと思います。

## 借入限度額はどう決まるのか

銀行からいくらまで借りられるかは、借入する本人の属性、またどの銀行から借り入れるかによって大きく異なります。個人の属性については、前述したとおり本人の勤め先や勤続年数、年収、所有資産などを銀行が審査して融資金額を決定しています。

また、購入物件の担保評価額によって、借入れできる金額が決まることもあります。つまり、多くの銀行では、個人の属性と物件の担保価値の両方を見て融資金額を決めているということです。

ただ、物件の担保価値は重視せず、個人の属性だけで決める銀行も一部存在します。その逆で、個人の属性よりも物件の担保価値を重視する銀行もあります。具体的な銀行名はここでは割愛しますが、独自の融資スタンスで融資額を決めている銀行もあります。したがって、とにかく多くの銀行と交渉してみることが大切です。

## 最適な金融機関の選び方

金融機関を選ぶときは、まずは自分が住んでいる地域に支店を構えている金融機関から融資を受けることを考えましょう。

結局のところ、不動産融資に積極的な銀行と消極的な銀行がありますので、情報を集めることがやはり重要です。たとえ不動産融資に積極的な銀行だとしても、自分の住んでいる地域にその銀行の支店がない場合は融資に応じてもらえません。

多くの銀行は、「担保管理ができない」という理由で、本店や支店があるエリアの物件しか融資をしないです。どの銀行を使うかについては、初心者の方には判断が難しいと思いますので、不動産会社の知識とコネクションを活用するのがスムーズでしょう。

ただし前述したように、１、２行しか付き合いのない不動産会社は、独自のスキームだけを営業してくるので、注意が必要です。

なお、融資先を検討する場合は、できるだけ金利が低い金融機関を選びましょう。メガバンク＞地銀＞信金＞ノンバンクといった順番で金利が低くなりますので、いろいろと条件などを比較してみてください。

## 住宅ローンがあっても借りられるか

よく「住宅ローンがあったら、アパートローンは借りられない」と思い込んでいる初心者がいます。結論からいえば、よほど高額な場合を除き、住宅ローンが障壁となることはありません。

ただ、アパートローンを申し込む際、個人の資産査定を受けることになるのですが、当然そこには住宅ローンで購入した物件も含まれます。

そのとき、住宅の資産評価は住宅ローンの残債よりも低くなることが多いので、他に金融資産がなければ債務超過とみなされ、アパートローンを承認してもらえないケースもあります。基本的に、積極的に不動産投資をしていきたい人は、ローンを使って住宅を購入するようなことはせず、賃貸住宅に住んだほうが投資規模をスムーズに拡大できるでしょう。

## 8　資産管理法人の活用

### 法人か個人、どちらで購入するのか

物件を購入する際に、個人名義か法人名義かで、その後の流れが大きく違ってきます。

個人名義で購入すると売却時に譲渡税がかかります。5年未満であれば短期譲渡税、5年以上あれば長期譲渡税となり、短期譲渡税では利益の約4割を税金として支払わなくてはいけません。

また、5年というのは5回目の1月1日を迎えて……という計算になるため、取得月によっては実質6年近く所有しなければ割高な短期譲渡税がかかるのです。

また基本的には個人名義で購入する人が多いですが、数億円規模になる高額な物件を購入するとなると、相続が発生したときに、多額の相続税がかかることになります。

そのため、高額な物件を買う場合、または規模が大きくなり総資産が数億円になった場合は、相

【図表５　短期・長期譲渡所得にかかる税率】

| | 所得税 | 住民税 | 合計税率 |
|---|---|---|---|
| 短期譲渡所得 | 30% | 9% | 39% |
| 長期譲渡所得 | 15% | 5% | 20% |

続税対策として、法人名義で物件を購入したほうがよいといえます。私のお客様のケースでは、最初から相続などのことも考えて法人名義にされる方が多いです。

## サラリーマンのうちに法人を設立し、法人で物件を購入する

一般的には個人名義で物件を購入する人が多いですが、できれば「どの程度まで不動産を増やすのか」という目標を事前にはっきりとさせたうえで、個人名義にするのか、それとも法人名義で購入するのかを、税理士など専門家と相談しておくのがよいでしょう。

法人での購入のメリットは、まず名目上の借り入れの限度額がないことです。ただ、いきなり実績のない法人に金融機関はお金を貸しません。

新設法人であっても、唯一貸してくれる法人が「資産管理法人」です。資産管理法人とは、個人の資産を管理するという名目で設立される法人で、金融機関は融資の際、法人におけるオーナー個人の属性を合わせて審査します。

つまり、本業の年収が高く、資産も豊富に持っているようであれば、サラリーマン向けのアパートローンを使わずに、いきなり資産管理法人

でのプロパーローンを利用したほうがいい可能性もあります。

逆にいうと、リタイヤして本業の収入がなくなった投資家の場合、リタイヤする前に資産管理法人での融資を受けておかないと、なかなか融資を受けにくくなるということです。

資産管理法人で物件を購入し続けるには、黒字決算3期分が融資審査に必要と考えましょう。ここがクリアしてからリタイヤしたほうが、後々の規模拡大に支障がないといえます。

## 法人名義での不動産購入のメリット

法人名義で買うことには、融資以外のメリットもあります。売上から経費を引いた金額に対しても納税対象になるため、税金のコントロールが個人よりしやすいということです。

また、高額所得者の個人よりも税金が安くなるのもメリットです。高額所得者の個人の所得税と比べて法人税率のほうが低いからです。高年収のサラリーマンの場合、所得税が高くなるので、個人で買うよりも法人で買ったほうが税制上のメリットが使える可能性が高まります。

不動産投資においては、特に規模が大きくなればなるほど、いかに税金対策を講じるかがキャッシュフローを大きく左右します。

法人で物件を所有することで、家族を役員や従業員にでき所得分散が可能となります。ほかにも、法人で不動産を購入することで個人よりも経費がつかえる項目が増えます。

また法人の場合、たとえ赤字決算でも「欠損金の繰越」ができます。これは、個人で3年間、法人で9年間と定められています。

## 相続対策にも向いている

不動産投資は、相続対策としても有効です。もし資産を多く持っている人であれば、相続時に莫大な税金がかかってしまいます。

しかし、法人で不動産を所有していれば、法人がなくならない限り、不動産の相続税評価額による相続税は発生しません（ただ、資産管理会社の株式を所有しているので、そこに対する相続税は発生します）。

なお、資産管理法人の所有株式は、資産継承によって相続に売却することが多いので、本人が主張するときには、すでに子どもに所有権が移っているケースが大半です。資産管理法人の株式資産継承の詳細については、税理士などの専門家に相談しましょう。

このように法人のメリットは、相続税が節税できる、高額所得者の個人の所得税より税金が安くなるという税務上のメリットが大きいといえます。

## 法人設立のタイミングは

では、どういったタイミングで法人を設立すればいいのでしょうか。法人設立のタイミングは、事業規模が「5棟10室」になったときが一般的な目安とされています。

ただ、同じ「5棟」といっても、6室の小規模木造アパートを5棟なのか、20室の大型RCマンションを5棟なのかによって規模はまったく異なります。ですので、この基準に縛られて法人を設立するのは正しいとはいえません。

むしろ大事なのは、事業規模ではなく、「オーナーの年収」と「どれだけ買い進めたいのか」ということです。また課税所得が多い人、あるいは規模拡大を目指す人であれば、1棟目から法人設立を検討していいでしょう。日本では、高所得の個人ほど税率が高くなる制度があるからです。詳しくは、次項を確認ください。

## 累進課税について

個人で不動産投資をしていて不動産収入がある場合、給料所得と不動産所得は合算されます。所得税は累進課税で課税所得額が高くなるほど税率が高くなるので、不動産投資をしているほど税金が高くなる可能性が高いのです。

最低税率である5％は、年間の課税所得が195万円以下の人に適用されます。一方、高税率の40％は、課税所得1800万円超の人に適用されます。そんなわけで、高税率である40％に達するまでに、法人化するケースが多いといえます。

たとえば、課税所得400万円の会社員が不動産投資をはじめて、不動産からの税引前利益が300万円だったとすると、合計700万円の所得があると計算され、695万円～850万円の

【図表６　所得税の加算表】

| 課税される所得金額 | 税率 | 控除額 |
|---|---|---|
| 195万円以下 | 5% | 0円 |
| 195万円を超え　330万円以下 | 10% | 97,500円 |
| 330万円を超え　695万円以下 | 20% | 427,500円 |
| 695万円を超え　900万円以下 | 23% | 636,000円 |
| 900万円を超え　1,800万円以下 | 33% | 1,536,000円 |
| 1,800万円を超え4,000万円以下 | 40% | 2,796,000円 |
| 4,000万円超 | 45% | 4,796,000円 |

(注)　例えば「課税される所得金額」が700万円の場合には、求める税額は次のようになります。
700万円×0.23-63万6千円=97万4千円

※　平成25年から平成49年までの各年分の確定申告においては、所得税と復興特別所得税(原則としてその年分の基準所得税額の2.1%)を併せて申告・納付することとなります。

https://www.nta.go.jp/taxanswer/shotoku/2260.htm

税率23%が適用されることとなります。しかし法人で物件を所有していた場合、800万円以下の利益額だと税率は15%になり、個人よりもはるかに節税できるのです。

現状だと、800万円強の法人の税率は23・9%です。なお、法人税率は、今後も改定されていきますので、詳細については専門家にご相談ください。

## 法人にかかるコスト

税金面のメリットを紹介しましたが、法人のデメリットがないわけではありません。設立時の費用、税理士費用などが年間20万〜30万円程度かかりますし、法人住民税（資本金1000万円以下、7万円）もかかります。

また、個人で別の物件を所有している場合、法人の所有物件の家賃収入と経費の通算（差し引き）ができないというデメリットもあります。

結局のところ、法人にするタイミングは、個人の属性と目標とする資産規模によって異なるといえます。

法人で買っていくと、金融機関からの信頼を勝ち取れる可能性が高まります。

不動産投資に本気で取り組み、資産規模を数億円以上にしたいのであれば、最初から法人で買うほうがいいでしょうし、1億円以下の規模で留めておくつもりならば、個人で買うのでも問題ないでしょう。

【図表７　法人税の税率】

| | 適用関係 平28.4.1以後 開始事業年度 | 適用関係 平30.4.1以後 開始事業年度 |
|---|---|---|
| 中小法人（注1）、一般社団法人等（注2）、公益法人等とみなされているもの（注3）又は人格のない社団等 年800万円以下の部分 | 19%（15%） | 19%（15%） |
| 中小法人（注1）、一般社団法人等（注2）、公益法人等とみなされているもの（注3）又は人格のない社団等 年800万円超の部分 | 23.4% | 23.2% |
| 中小法人以外の普通法人 | 23.4% | 23.2% |
| 公益法人等（注4） 年800万円以下の部分 | 19%（15%） | 19%（15%） |
| 公益法人等（注4） 年800万円超の部分 | 19% | 19% |
| 協同組合等（注5）又は特定の医療法人（注6） 年800万円以下の部分 | 19%（15%）<br>＊20%（16%） | 19%（15%）<br>＊20%（16%） |
| 協同組合等（注5）又は特定の医療法人（注6） 年800万円超の部分 | 19%<br>＊20% | 19%<br>＊20% |
| 協同組合等（注5）又は特定の医療法人（注6） 特定の協同組合等（注7）の年10億円超の部分 | 22% | 22% |

※　表中の括弧書の税率は、平成31年3月31日までの間に開始する事業年度について適用されます。
また、表中の＊の税率は、協同組合等又は特定の医療法人である連結親法人について適用されます。

（注1）　中小法人とは、普通法人のうち各事業年度終了の時において資本金の額若しくは出資金の額が1億円以下であるもの又は資本若しくは出資を有しないものをいいます。ただし、各事業年度終了の時において次の法人に該当するものについては中小法人から除かれます。
　イ　保険業法に規定する相互会社（同法第2条第10項に規定する外国相互会社を含み、ロ(ロ)において「相互会社等」といいます。）
　ロ　大法人（次に掲げる法人をいい、以下ハまでにおいて同じです。）との間にその大法人による完全支配関係がある普通法人
　　（イ）　資本金の額又は出資金の額が5億円以上である法人
　　（ロ）　相互会社等
　　（ハ）　法第4条の7に規定する受託法人（ヘにおいて「受託法人」といいます。）
　ハ　普通法人との間に完全支配関係がある全ての大法人が有する株式及び出資の全部をその全ての大法人のうちいずれか一の法人が有するものとみなした場合においてそのいずれか一の法人とその普通法人との間にそのいずれか一の法人による完全支配関係があることとなるときのその普通法人
　ニ　投資法人
　ホ　特定目的会社
　ヘ　受託法人

（注2）　一般社団法人等とは、法別表第二に掲げる非営利型法人である一般社団法人及び一般財団法人並びに公益社団法人及び公益財団法人をいいます。
（注3）　公益法人等とみなされているものとは、[illegible]
（注4）　公益法人等とは、法別表第二に掲げる法人（一般社団法人等を除きます。）をいい、公益法人等とみなされているものは含みません。
（注5）　協同組合等とは、法別表第三に掲げる法人をいいます。
（注6）　特定の医療法人とは、措置法第67条の2第1項に規定する承認を受けた医療法人をいいます。
（注7）　特定の協同組合等とは、[illegible]

https://www.nta.go.jp/taxanswer/hojin/5759.htm

## 9　法人の種類とメリット

### 法人にはどんな種類があるのか

法人といっても、株式会社、合同会社、合名会社、合資会社の4つに分かれますが、不動産投資では「株式会社」「合同会社」が向いています。

・株式会社　有限の間接責任を負う株主だけからなる会社。会社法改正により資本金規制が撤廃され、1人でも株式会社が設立できるようになりました。

・合同会社　新会社法で認められた会社形態で、少ないお金で設立できるのが特徴です。有限の間接責任を負います。

ともに「資本金1円から設立可能」「決算書・申告書の作成、納税義務」などの共通点があります。また、個人にかかる負担が「出資者の収益、出資金の範囲内」と定められているため、仮に経営的な負担を抱えたときでも経営者の責任は限られているという点では共通しています。

株式会社と合同会社のメリットを比較すると、図表8のようになります。

株式会社のほうが聞こえはいいのですが、物件を買うだけなら合同会社でもいいでしょう。

【図表８　株式会社と合同会社のメリットの比較】

| | |
|---|---|
| 株式会社のメリット | ・信用度が高い<br>・資金が調達しやすい<br>・「代表取締役」という肩書を持てる・会社 |
| 合同会社のメリット | ・設立の費用が安価<br>・利益や権限の配分を自由に決められる<br>・決算報告義務がない<br>・役員の任期がない |

## サラリーマンリタイヤ後に買い続けるためには

本業をリタイヤした後も、物件を買い増して規模を拡大していくには、次のポイントを押さえる必要があります。

・バランスシート上で資産超過状態である
・不動産賃貸業の実績が、３年以上ある
・ある程度の自己資金を持っている

この３つの条件を満たしていれば、金融機関の信頼を勝ち取れるので、リタイヤしていても買い増しできる可能性は非常に高いといえるでしょう。

## どんな法人に融資がつくのか

規模拡大を実現するには、金融機関からの資金調達が必須です。

個人だと年収が高くても数億円で頭打ちになりますが、法人だとやり方によっては10億円以上を狙うことも十分可能です。

これまで不動産投資家のスタンダードは、個人で限界まで借りた後に法人で買い進めるというものでした。

しかし、最初から法人で買うことで、個人の頭打ちがありません。そもそも不動産投資で多額の融資を受けられる人は、属性が良く、所得税率も高いものです。

法人を設立すれば、必ず融資が有利になるというわけではありません。

まず、損益計算書（ＰＬ）と賃借対照表（ＢＳ）は必ずチェックされるので、この2つで黒字をしっかり出していること、純資産が超過の状態を維持できていれば、金融機関の評価は上がります。

つまり、通常の意味での「安定経営」をしていれば、融資は受けられる可能性が高いということです。

ちなみに、これは個人の場合もほぼ同じで、財務諸表がよければ金融機関の評価もよくなります。

諸経費がかかる物件取得年度は赤字になるのは仕方ないですが、2年目以降はしっかり黒字を出して安定経営できていることを示す必要があります。

法人をつくって赤字を出すことで節税しようと考える人もいますが、必要以上に赤字を出すことは融資を受けるときには不利に働くので注意が必要です。

# 第5章　成功する投資家の特徴をつかもう！
## 国内投資管理運営編

## 1　1棟物収益不動産の運営方法

### 安定的な収益を確保するためには

国内投資で収益をあげて、それを海外で再投資する、それが私の提唱するダブルエンジン投資です。

そのためには、国内投資で安定的な収益を確保することは非常に重要です。

多くの不動産投資指南本は購入するまでのノウハウが中心に書かれており、「買ってから」のことはどうしても後回しにされているのが実情です。

実際、私がお会いする投資家のなかにも、買うことだけで満足してしまい、買ってから空室が増えて困っていたり、入居者トラブルが解決しなかったりするケースも珍しくありません。

そこで、第5章ではダブルエンジン投資の屋台骨を支える管理運営ノウハウについて解説したいと思います。

### 管理会社の業務

物件を取得したら多くの投資家は管理会社に管理業務を委託します。

管理会社の業務は、入居者の募集、退去の立会い、家賃の送金、敷金清算、各種費用の支払代行などです。

首都圏の管理会社の場合、入居者の募集と仲介だけを行う「客付業者」と管理会社が分かれているケースも珍しくありません。

そういった場合、管理会社は賃貸借契約と家賃管理の窓口対応だけ行い、空室がでたときには、客付け業者に依頼をして入居者を募集します。

一方、地方では管理会社と客付会社が分かれていることが少ないといえます。優良な管理会社に委託ができれば、賃貸経営がスムーズに進む可能性が非常に高くなります。

## 基本的には前オーナーから引き継ぐ

では、どうやって管理会社を選べばよいのか。

まず、中古物件の場合は、空室が多かったり、前オーナーからの悪い噂を聞かない限り、これまで依頼していた管理会社に任せるのがベターでしょう。そのまま規模が大きくなれば、オーナーとしての存在感はさらに向上するはずです。

もし、初めて買うエリアの場合、物件の距離の近さから選ぶことをおすすめします。なぜなら、何らかのトラブルが発生したときに、すぐに対応してもらえる可能性が高いからです。

また、内覧しにきた入居候補者を、すぐに案内してもらうこともできます。

### 自主管理は兼業投資家には不向き

管理方法には、管理会社に委託するほか、自分で管理運営を行う自主管理もあります。よく地主大家さんに見られるケースですが、自身で退去立会いを行ったり、集金管理を行ったり、物件の清掃も自分たちで行っています。

物件の運営や管理維持においてオーナー自信がしっかりとかかわるということは決して悪いことではありませんが、物件から徒歩圏に住んでいる、もしくは、自分の代わりに配偶者が管理を行えるなど、物理的に可能でなければサラリーマン投資家にはできません。

不動産投資にはアウトソーシングの仕組みが整っていますから、それを最大限有効利用して、投資家自身はより良い物件の取得や、海外投資などの再投資に注力することをおすすめします。

## 2　空室が多いときはどうするか

### 空室対策は購入前からはじまる

不動産投資にはさまざまなリスクが存在しますが、まず思いつくものを挙げるのなら「空室リスク」になるのでしょう。

そもそもなぜ空室になるかというと、立地が悪かったり、間取りや建物設備、築年数で敬遠されたりなど、賃貸ニーズとの乖離によって発生するケースが大半です。

とはいえ空室リスクは、購入前に徹底リサーチすることで、ある程度は回避ができます。まず、現在の空室状況、募集状況、募集に対しての問合状況の３つを把握しましょう。

そのうえで、近隣の賃貸不動産業者、大手管理会社など、地域密着型の業者に電話ヒアリングをして、この間取りの物件なら家賃相場がいくらで、募集条件がどんなものなのかを聞き出します。

## その地域の相場と入居募集の慣習を知る

また、敷金・礼金の有無と相場、ＡＤと呼ばれる業者に支払う広告宣伝費は何か月分必要なのかをヒアリングしましょう。

くわえて、近隣にどういうライバル物件がいるのかをネット検索し、間取りや設備、家賃設定などを購入前にしっかり確認しておけば、空室が埋まるかどうかがわかるはずです。

もし調査した結果、対策の打ちようがなければ、その物件を買うことは避けたほうがいいでしょう。

また、物件を購入前に、一度現地調査を行うことをおすすめします。

現地にて、対抗物件の入居率を物件の電気メーターが回っているかを確認して調査します。

対抗物件の入居率、募集条件を確認できれば、おのずと、購入する物件の空室リスクも理解できます。

## 空室の多いときの管理会社選び

空室が多い物件には、何らかの理由があると考えられます。よくあるのが、管理会社に問題があるケースです。したがって、購入しようとしている物件が満室であれば管理会社を変える必要はありませんが、空室だらけならば、物件そのものよりも管理会社に責任がある可能性もあると考えるのが妥当です。

では、どうやって事前に管理会社を調べればよいのでしょうか。

まず、物件近くの客付業者にヒアリングして見ましょう。「この物件は空室が多いのですが、なぜでしょうか？　管理会社に問題があるのでしょうか？」などと聞くと、丁寧な回答をもらえるはずです。

また、客付業者から高評価を得ている管理会社を選ぶことも大切です。

なかには、逆に客付業者で管理をしているところもありますし、管理会社で客付をしているところもあります。

どちらにするか迷ったら、管理をメインにしている客付会社の評価が高い業者を選ぶようにしましょう。

## 空室問題はオーナーの力で改善できる

もちろん、空室率は低いに越したことはありません。

その方が融資も受けやすく、不動産投資は順調にスタートできるのも事実です。しかし、中にはあえて空室が多い物件を割安で購入し、物件を再生させることで収益率を上げている投資家もいます。不動産投資の上級者です。

たとえば、入居率が高ければ売値も上がるので、全空に近い物件を破格の値段で購入し、満室にした状態で高値売却するなどです。

ただ、これは上級者の話であり、不動産投資の初心者がいきなりできるような話ではありません。

ここで伝えたいのは、空室率は、オーナーの努力で改善できるということです。逆に言うと、努力をしなければ空室率が上がってしまうということです。

満室経営を実現するためには、管理会社や賃貸仲介会社などと良好な関係を築いていくことが重要です。

したがって、購入時には管理会社との関係を調べておく必要があるでしょう。

そして必要があれば、管理会社の変更を行ったり、リフォームを行ったりと投資家自らが手をかけていきます。

サラリーマン投資家のよくあるケースとして、買うところまでは熱心なものの、購入後は管理会社にまかせっぱなしということも珍しくありません。

それで満室稼働しているのであれば、問題はないですが、多少でも空室があるのなら、管理にもしっかり力を入れていきましょう。

## 3　不動産運営におけるリスクヘッジとは

### 天災に備えるために重要な「保険」

空室リスクに続いて代表的なリスクは、地震や津波など天災によるリスクです。地震調査委員会によると、今後30年以内に東京直下型の地震が発生する確率は50％以上あり、中部・近畿・四国に壊滅的な被害をもたらすといわれる南海トラフ地震は今後30年以内に70％超の確率で発生すると予想されています。

不動産は大地震が起きた場合には建物が倒壊するリスクを背負っています。

しかし、地震は現在の科学をもったとしても、いつどこで起こるかまったく予想がつかないため、リスクは日本のどのエリアに不動産を保有している場合であっても同じレベルであると考えてよいでしょう。

もし大規模な天災が起こった場合、賃貸物件に与えるダメージは甚大になりますが、天災による被害に対しては、保険に加入することでリスクヘッジができます。物件購入時には必ず火災保険に加入することになりますが、最近の建材は防火にすぐれているため、火災保険よりも特約の災害向けの保険の方が、使う機会が多い傾向にあります。

## 家賃滞納リスクは「保証会社」でヘッジする

家賃滞納も、不動産投資の代表的なリスクの1つです。

このリスクを減らすためには。基本的には入居時に滞納する恐れがある人を断るくらいしか方法がありません。

ただ、最近は家賃保証会社の加入を必須にすることで家賃滞納リスクを防ぐことができます。管理会社によっては保証会社と複数契約しているところがあります。なかには、フリーターや外国人を専門に保証してくれる保証会社もあるので、うまく使い分けることによって、ターゲットを広げて空室を埋めるまでの期間を短縮することができます。

保証会社がついていない場合、管理会社が入居者に催促します。通常のステップとしては、1か月の滞納で電話もしくは郵便での催促、2か月経つと入居者と保証人の両者に電話もしくは郵便で催促、3か月を過ぎると内容証明郵便を入居者と保証人に送ります。そしてそれでも滞納が止まらない場合、法律事務所に回収の依頼をすることになります。

一般的に、クレームが多い人ほど家賃滞納をするイメージがあります。難癖をいろいろつけるものの、自身の支払いについてはルーズになってしまうような人です。

なお、生活保護受給者は、公的保障で家賃が支払われるので、市役所から直接家賃が振り込まれている場合なら滞納はないでしょう。ただし、役所から直接振り込むには、本人の承諾が必要です。

## 問題入居者への対応①

家賃滞納以外にも入居者に関するリスクは存在します。たとえば、騒音や異臭など近隣住民に迷惑をかける問題入居者です。なかでも困るのは、反社会勢力の入居者でしょう。万が一、入居してしまった場合、対応は管理会社が中心で行いますが、簡単に解決する問題ではないことを知っておく必要があります。

ゴミを出す日が決まっているのに、そのルールを守らない入居者もいます。こういう人がいるケースでは、入居者全員に対する注意事項として、「最近、ゴミ出しの日を間違えて出されている方がいたり、ゴミ出し場が汚くなったりすることが多いので、皆さんご注意ください」などと張り紙などで告知する手が考えられます。解決には時間がかかるので、管理会社と連携して対応する必要があります。

## 問題入居者への対応②

また、廊下や階段などの共有部分に私物を置いて消防法上で問題になっていたり、夜中大声で騒いで近隣の部屋に迷惑をかけたり、逆に隣家の生活音に対して敏感になりすぎクレームばかりつける入居者もいます。こういった場合でも、やはり注意をするときは気を遣う必要があります。たとえば、「下にお住いの○○さんから苦情が来ていて・・・」という伝え方は絶対にＮＧです。当事者同士の関係が悪化する可能性があるからです。

したがって、本人に注意をする場合でも「周辺の方から、こんな意見がありました」というように、どこの誰がクレームを言っているかは明確にせず、伝えるべきなのです。

駐輪場の使用マナーについても同じことが言えます。たとえば、バイクの置き方が悪い場合でも本人に口頭で注意するのではなく、まず張り紙で注意を促します。

そのうえで、清掃の人に、毎回そのバイクの置き方を見てもらい注意事項を守っていなかった場合は、日付や時間などをしっかりと記録してもらいます。証拠として写真を撮っておくこともよいでしょう。何度言っても注意を聞き入れてもらえないなら、こういう記録や証拠を本人に突きつけて理解を得たというケースもあります。いずれにせよ、できるだけ直接的ではなく、本人に嫌な印象を与えず、かつ自らが気づくように注意喚起に工夫していくことが大切です。

## 4　チームをつくって「他力の活用」を！

### 不動産投資は１人ではできない

不動産投資の醍醐味は、他人の力を借りられることです。つまり、他力の活用です。

物件の管理については管理会社がありますし、法的な問題なら弁護士、リフォームの問題ならリフォーム業者という具合に、各分野に強い味方がいる「チーム」をつくるだけで、オーナーは専門知識や特別な経験がなくても、円滑に運営することができます。

チームづくりを疎かにしたまま、ペースを速めすぎて規模拡大をすると、購入後にトラブルや修繕が発生した場合に、余計なコストや時間がかかったりします。

たとえば、同じ管理会社に委託するとしても、関係性が構築できているか否かで、入居者の質、空室を埋めるピードは変わってくるものです。

## チームで行う賃貸経営

賃貸経営をサポートしてくれるプロは、管理会社、リフォーム業者を中心に、客付会社、定期清掃業者、設備業者、プロパンガス業者、保険代理店などさまざまです。オーナーはそのチームの司令塔であり、メンバーのサポートを受けて、賃貸経営を進めることになります。ただ、リーダーであるオーナーが自分の手を直接動かすことはなく、ほぼすべての業務はメンバーに委託できます。

チーム運営において重要なことは、メンバーを「業者」と考えないことです。融資担当者と同様、結局は「人」が関わるので、「お金を払ってるんだから、こんなこと当たり前だろ」という考え方では、なかなか成功できません。

とくに不動産会社やリフォーム会社からすると、オーナーが常に「お客様」の立場でいます。そういう環境に慣れてしまうと、もとの性格が謙虚な人でも、次第に「自分はお客様で、偉いんだ」と思ってしまうものです。

そうなると、チームメンバーたちもオーナーを支えようと意識が弱くなり、自分たちの売上のことしか考えなくなってしまいます。ですから、強い満室チームをつくるには、メンバーを業者扱いせず、チームの一員として尊重することが非常に重要なのです。

## 安いからベストとは限らない

チームメンバーを集めるときは、何よりお互いがＷＩＮ－ＷＩＮの関係を築けるかがポイントです。リフォーム業者を例に取っても、価格の安さだけで選んでいると、仕上がりがいまいちだったり、工期が遅れたりと、質の良い業者さんに出会えません。

相見積もりをとって、リフォーム費用を安くあげられるよう検討するのは大切ですが、「値段」にばかりこだわると、良心的な業者さんからは敬遠されて、安かろう悪かろうの業者だけと付き合うような結果になってしまうケースもあるのです。

不動産投資家のなかには、「〇万円でリフォームできた！」などと価格の安さを誇らしげに語っている人もいますが、そういうオーナーは、何棟も所有しているため、スケールメリットもあって安くなっている場合もあり、これから物件を増やしていきたい初心者投資家には合致しません。

ですから、初心者の方がいくら「最安値でリフォームしてほしい」と願いしても、実現する可能性は高くありません。

そこで「最安値」を目指すのではなくて、リフォームは「適正価格」を目指すのが現実的ではないかと思います。

## 無責任な「丸投げ」はしない

第2章にて、「不動産投資家は司令塔であるべき」と述べました。司令塔であるオーナーがチームメンバーを信頼して期待を寄せることで、関係性が向上していきます。

とはいえ、これは「見積もりの内容を確認しない」「相見積もりをせずに、そのまま発注する」ということを意味しません。

いくらメンバーでも根拠のない高価格を提案されたら、しっかり理由を説明したうえで、断ることも大切です。

メンバーが期待通りの仕事をしてくれているかどうかをしっかりチェックして、もし不十分なところがあれば指摘する役割も担います。

つまり、司令塔としての立場を放棄して、メンバーに丸投げしてはいけないということです。収益物件検索サイトや賃貸情報誌に、所有する物件の情報は掲載されているか、リフォームはきれいに仕上がっているか、物件の掃除は手を抜かずにされているかなどをチェックすることが必要です。

すべて丸投げの姿勢では、リフォームや修繕の際に、コストを上乗せされて発注されることもあります。そういった不健全な状態にならないよう注意が必要です。

そして、期待通りの成果が出ていたら、お礼を伝えるとともに褒めてあげましょう。オーナーからの感謝の言葉は、メンバーにとっても励みになるはずです。

　万が一、仕事内容に不十分なところがあった場合は、感情的になるのではなく、冷静に・素早く伝えるのが成功の近道です。

## 速やかな支払いが円滑運営の鍵

　メンバーに対しては、プロとして尊敬するとともに適正金額をしっかり払うことで、リーダーとしての求心力は向上していきます。

　また、「請求書が届いたら、なるべく早く支払う」ことを徹底しましょう。早く振り込んでもらえると業者としては有難い気持ちになります。

　そもそも、そのお金を1か月持っておいても、それによって得られる収益はほとんどありません。

　それよりも請求書が到着した翌日に全額振り込んで、業者から感謝をされるのであれば、その方がはるかにチームを円滑に運営できるでしょう。

## シルバー人材センターの活用

　賃貸経営におけるコストを下げ、かつ入居者のマナーアップにも貢献してくれるのが、シルバー人材センターの存在です。

　シルバー人材センターとは、働く意欲のある高齢者に対して、地域で行える短期的な仕事を斡旋する組織です。高年齢者雇用安定法」という法律によって全国に定められています。

定年退職した方々のなかにも、「まだ働きたい」「社会に貢献したい」と思っている人は多くいます。そんな人たちに、物件の定期訪問や清掃を依頼するのも一手です。

シルバー人材センター業務を依頼するメリットは、なんといっても価格の安さです。センターの事務局は営利事業ではないため、わずかな事務手数料以外はかかりませんし、シルバーさんの発注金額も、時給換算で700〜800円で済みます。

なお、シルバー人材センターに仕事を依頼したい場合は、全国シルバー人材センター事業協会のホームページから申し込みができるほか、各市町村の窓口に電話をかけても対応してもらえます。

## 5 サラリーマンにもできる円満運営テクニック

### 物件所有後のトラブル対応

管理運営時によく起こるトラブルといえば、雨漏りや水漏れです。

厄介なのは、これらは緊急度が高いけれどもオーナーで判断がしにくく、金額も大きくなる可能性があるということです。

委託している管理会社が手配したリフォーム会社に十分なノウハウがあればいいのですが、結局原因がわからないということであれば、チーム内の信頼できる業者に依頼したほうがいいでしょう。

もしくは、外部的なトラブルなら大規模修繕の業者に依頼し、内部的なトラブルならガス会社に依頼してもいいかと思います。

プロパンガス会社は水周りも見てくれる場合が多く、自前の工事部隊を持っているので、休日でもすぐに対応してくれます。加えて出張費無料なので、オーナーにとっては非常に助かる存在です。

## ある程度の裁量権を持たせて、テナントリテンションを高める

入居者満足を主力においたサービスをテナントリテンションといいますが、新規の入居者を求めるよりも既存の入居者を大切にしたほうが、管理会社、オーナー双方にとってもよいでしょう。というのも、かつての敷金・礼金が２か月とれていた時代ならまだしも、今は客付には大きな労力とコストがかかるからです。

もし入居中の部屋で設備が急に壊れた場合、どれだけスピーディーに対応できるかが入居者満足度を大きく左右します。

あらかじめ管理会社やチームメンバーのリフォーム業者と話し合っておき、「３万円以下の小規模な修繕なら管理会社の判断で即対応する」などと取り決めをしておきましょう。

それ以上の金額の修繕では、オーナーに相談してから見積もりを取って行うことにすれば、いきなり高額の請求が来る心配もありません。

また管理会社からしても、オーナーの意思確認に時間をとられることがないので、不測の事態が起こったときでも迅速に動けます。その結果、入居者にとっても良い結果をもたらします。

ですから、「今いる入居者に快適に住んでもらい退去をさせない」というのも大切な視点なのです。だからこそ、管理会社に裁量権を持ってもらい円滑に運営できるようサポートしましょう。

## 保険は「保険代理店」で決まる

賃貸経営において、トラブルはつきものです。いざというときのために、相談できる保険代理店をチームに入れておくことをおすすめします。

同じトラブルが起こっても、保険に該当するか否かは、代理店によって判断が異なるところです。なかには、事故率を上げたくないという理由から、積極的に交渉してくれない保険の代理店もあります。保険についての知識が深いオーナーは少ないですが、不動産投資において保険が占める重要度は非常に高いです。

たとえば火災保険に入っていると、火災はもちろん、台風や汚損・破損、電気的設備の事故などでも保険がおります。中古物件の場合は、想定外のトラブルが発生する確率も高いので、保険の存在は必要不可欠でしょう。

また、今後考えられる大規模地震についても、地震保険に加入していれば、かなりの部分のリスクは抑えられるので、入ることを強くおすすめしています。

したがって、保険料の多寡で決めるのではなく、必要なときにしっかり保険金を出してくれる保険会社と代理店を選ぶことが大切です。やはり、最後は、人がすべてと言っても過言でないです。

## おわりに

本書を最後までお読みいただきまして、誠に有難う御座いました。

本書は、世界で一番儲かる不動産投資とはどのような投資かを、私の経験からお伝えさせて戴きました。もしも、ダブルエンジン不動産投資に興味をお持ちになりましたら、まずは、一緒に勉強してみませんか?

読者様限定のダブルエンジン不動産投資セミナーを開催します。時間の都合がつけば、是非、ご参加下さい(詳細は著者プロフィール欄にある当社HPにアクセスしメルマガ登録をしてください)。

「あなたの人生を変えられるのは、あなただけです」

投資の道も、まずは、小さな1歩から始まります。まずは、あなたの足にて、その1歩を踏み出してください。

最後に出版の機会を与えて下さったセルバ出版のスタッフの方々。また出版サポートをしていただきましたインプルーブの小山さん、編集にご協力をいただいた布施さん、たいへん有難う御座いました。今後も不動産投資のすばらしさを世に広めていこうと思います。個別面談やセミナーなどで、読者の皆さまとお会いできることを楽しみにお待ちしております。

２０１８年３月

浜野　一浩

著者略歴

**浜野　一浩**（はまの　かずひろ）

浜野コンサルティングオフィス株式会社 代表取締役。
宅地建物取引業 東京都知事（１）第１００１２０号
約８年以上前、１棟物収益不動産に特化した大手不動産販売会社の営業職として不動産投資業界に入る。
現在までのトータル累計販売数は、２００名以上のお客様へ、２００棟以上の仲介、２００億円以上の融資サポート、累計３０００名以上の方との面談を行い、また、利回り１０％以上にて運用中の現役投資家。
日々変化する経済環境を鋭敏にとらえ、時代に即した先進の不動産投資サービス、不動産取引における手堅い安全さを、信頼のおけるパートナー・エージェントとしてお客様の豊かな生活をおくるお手伝いができれば幸いと考える。
浜野コンサルティングオフィス株式会社ＨＰ
http://www.hamano-office.co.jp/



**利益を最大化する秘密のダブルエンジン不動産投資術**

2018年４月6日 初版発行　2018年５月2日 第２刷発行

著　者　浜野　一浩　
発行人　森　忠順
発行所　株式会社 セルバ出版
〒113-0034
東京都文京区湯島１丁目 12 番６号 高関ビル５Ｂ
☎ 03（5812）1178　FAX 03（5812）1188
http://www.seluba.co.jp/
発　売　株式会社 創英社／三省堂書店
〒101-0051
東京都千代田区神田神保町１丁目１番地
☎ 03（3291）2295　FAX 03（3292）7687

印刷・製本　モリモト印刷株式会社



●本書の内容に関する質問はFAXでお願いします。


Printed in JAPAN
ISBN978-4-86367-410-3